LE RÈGLEMENT AMIABLE

DES

CONFLITS DU TRAVAIL

Assemblée générale du 23 février 1911.

Présidence de M. MILLERAND

RAPPORT DE M. FAGNOT

Mesdames, Messieurs,

Les conflits collectifs entre employeurs et employés, surtout depuis qu'ils sont allés jusqu'à interrompre des services publics de première importance, posent devant la conscience publique des problèmes trop graves pour que notre Association ne cherche point, sinon à les résoudre, du moins à leur trouver des solutions approximatives.

Dans ce but, l'étude que nous abordons aujourd'hui portera, non pas sur tel aspect particulier du problème, non pas spécialement sur les conflits menaçant l'intérêt public, mais sur le problème tout entier, c'est-à-dire sur l'ensemble des conflits collectifs. Le caractère général de cette étude pourra faciliter nos recherches et nous aider à trouver — c'est là le but de nos travaux — des moyens plus efficaces que ceux qui ont été employés jusqu'ici pour prévenir ou régler les conflits du travail. D'ailleurs, si, comme je l'espère, nous pouvons perfectionner la méthode de règlement des conflits en général, il sera plus facile et plus judicieux à la fois de rechercher ensuite les méthodes spéciales qu'il peut être opportun ou nécessaire d'appliquer au règlement de certains conflits qui, étant donnée la nature des professions et des services où ils se produisent, troublent plus gravement la vie économique et sociale.

Notre effort principal portera donc sur les moyens propres à solutionner amiablement, raisonnablement, les mille grèves qui se produisent chaque année dans ce pays. A cet effet, nous étudierons les résultats obtenus par la loi du 27 décembre 1892 sur la conciliation et l'arbitrage et par les autres modes de règlement des conflits, puis nous examinerons, au même point de vue, la situation à l'étranger, spécialement en Allemagne et en Angleterre. Les enseignements qui se dégageront de cette étude comparative nous permettront de soumettre une série de propositions tendant à perfectionner les méthodes actuelles et, par suite, à exercer sur l'ensemble des conflits collectifs une action légale plus efficace. Ayant ainsi tracé la règle générale, fixé le droit commun en quelque sorte, nous pourrons enfin rechercher les règles spéciales qu'il y a lieu d'appliquer à certaines industries ou à certains cas particuliers, comme la grande industrie, les mines, les chemins de fer, etc.

Entrant directement dans notre sujet, il faut d'abord indiquer, par les tableaux suivants, l'importance du mouvement gréviste en France depuis dix ans, en même temps qu'il faut le situer en quelque sorte dans le mouvement international en donnant des chiffres comparables pour l'Allemagne et pour l'Angleterre :

ASSOCIATION NATIONALE FRANÇAISE
POUR LA
PROTECTION LÉGALE DES TRAVAILLEURS

LE RÈGLEMENT AMIABLE

DES

Conflits du Travail

RAPPORTEURS :

MM. AFTALION, Professeur à la Faculté de Droit de Lille;
ARQUEMBOURG, Ingénieur des Arts et Manufactures;
FAGNOT, Enquêteur à l'Office du Travail.

Compte rendu des Discussions. — Vœux adoptés.

PARIS

LIBRAIRIE FÉLIX ALCAN
MAISONS FÉLIX ALCAN & GUILLAUMIN réunies
BOULEVARD SAINT-GERMAIN, 108

LIBRAIRIE des SCIENCES POLITIQUES & SOCIALES
MARCEL RIVIÈRE et Cie
31, RUE JACOB

1911

COMITÉ DIRECTEUR DE L'ASSOCIATION

Paul CAUWÈS, doyen de la Faculté de Droit de l'Université de Paris, président honoraire de l'Association.

A. MILLERAND, député, ancien ministre, président.

Ed. BRIAT, secrétaire général de la Chambre consultative des Associations ouvrières de production, membre du Conseil supérieur du travail et de la Commission supérieure du travail dans l'industrie, vice-président.

A. LIÉBAUT, ingénieur, membre du Comité consultatif des arts et manufactures et de la Commission supérieure du travail dans l'industrie, vice-président.

Raoul JAY, professeur à la Faculté de Droit de l'Université de Paris, membre du Conseil supérieur du travail, secrétaire général.

Léon de SEILHAC, publiciste, délégué permanent du service industriel et ouvrier du *Musée social*, trésorier.

Georges ALFASSA, ingénieur civil, E. C. P.

Louis BARTHOU, député, ancien ministre.

Adéodat BOISSARD, professeur à la Faculté libre de Droit de Paris.

François FAGNOT, enquêteur à l'*Office du travail.*

Arthur FONTAINE, directeur du Travail au Ministère du Travail et de la Prévoyance sociale.

Arthur GROUSSIER, député.

Auguste KEUFER, délégué permanent de la Fédération française du Livre.

Abbé LEMIRE, député.

André LICHTENBERGER, directeur-adjoint du *Musée social.*

Henri LORIN, ancien élève de l'Ecole Polytechnique.

Etienne MARTIN-SAINT-LÉON, bibliothécaire du *Musée social.*

Comte A. de MUN, député.

G. PERREAU, ancien député, professeur à la Faculté de Droit de l'Université de Paris.

Eug. PETIT, docteur en Droit, ancien chef du cabinet du ministre du Commerce.

Paul PIC, professeur à la Faculté de Droit de l'Université de Lyon.

Ivan STROHL, industriel.

Edouard VAILLANT, député.

Richard WADDINGTON, sénateur.

SIÈGE SOCIAL : 5, rue Las-Cases, PARIS

ASSOCIATION NATIONALE FRANÇAISE
POUR LA
PROTECTION LÉGALE DES TRAVAILLEURS

SIXIÈME SÉRIE : N° 7

LE RÈGLEMENT AMIABLE

DES

Conflits du Travail

RAPPORTEURS :

MM. AFTALION, Professeur à la Faculté de Droit de Lille;
ARQUEMBOURG, Ingénieur des Arts et Manufactures;
FAGNOT, Enquêteur à l'Office du Travail.

Compte rendu des Discussions. — Vœux adoptés.

PRIX : 2 fr. 50

PARIS

FÉLIX ALCAN, ÉDITEUR | LIBRAIRIE des SCIENCES POLITIQUES & SOCIALES
LIBRAIRIES FÉLIX ALCAN & GUILLAUMIN réunies | MARCEL RIVIÈRE et Cie
BOULEVARD SAINT-GERMAIN, 108 | 31, RUE JACOB

1911

COMITÉ DIRECTEUR DE L'ASSOCIATION

Paul CAUWÈS, doyen de la Faculté de Droit de l'Université de Paris, président honoraire de l'Association.

A. MILLERAND, député, ancien ministre, président.

Ed. BRIAT, secrétaire général de la Chambre consultative des Associations ouvrières de production, membre du Conseil supérieur du travail et de la Commission supérieure du travail dans l'industrie, vice-président.

A. LIÉBAUT, ingénieur, membre du Comité consultatif des arts et manufactures et de la Commission supérieure du travail dans l'industrie, vice-président.

Raoul JAY, professeur à la Faculté de Droit de l'Université de Paris, membre du Conseil supérieur du travail, secrétaire général.

Léon de SEILHAC, publiciste, délégué permanent du service industriel et ouvrier du *Musée social*, trésorier.

Georges ALFASSA, ingénieur civil, E. C. P.

Louis BARTHOU, député, ancien ministre.

Adéodat BOISSARD, professeur à la Faculté libre de Droit de Paris.

François FAGNOT, enquêteur à l'*Office du travail*.

Arthur FONTAINE, directeur du Travail au Ministère du Travail et de la Prévoyance sociale.

Arthur GROUSSIER, député.

Auguste KEUFER, délégué permanent de la Fédération française du Livre.

Abbé LEMIRE, député.

André LICHTENBERGER, directeur-adjoint du *Musée social*.

Henri LORIN, ancien élève de l'École Polytechnique.

Étienne MARTIN-SAINT-LÉON, bibliothécaire du *Musée social*.

Comte A. de MUN, député.

C. PERREAU, ancien député, professeur à la Faculté de Droit de l'Université de Paris.

Eug. PETIT, docteur en Droit, ancien chef du cabinet du ministre du Commerce.

Paul PIC, professeur à la Faculté de Droit de l'Université de Lyon.

Ivan STROHL, industriel.

Édouard VAILLANT, député.

Richard WADDINGTON, sénateur.

SIÈGE SOCIAL : 5, rue Las-Cases, PARIS

ASSOCIATION NATIONALE FRANÇAISE
POUR LA
PROTECTION LÉGALE DES TRAVAILLEURS

SIXIÈME SÉRIE : N° 7

LE RÈGLEMENT AMIABLE

DES

Conflits du Travail

RAPPORTEURS :

MM. AFTALION, Professeur à la Faculté de Droit de Lille;
ARQUEMBOURG, Ingénieur des Arts et Manufactures;
FAGNOT, Enquêteur à l'Office du Travail.

Compte rendu des Discussions. — Vœux adoptés.

PRIX : 2 fr. 50

PARIS

FÉLIX ALCAN, ÉDITEUR | LIBRAIRIE des SCIENCES POLITIQUES & SOCIALES
LIBRAIRIES FÉLIX ALCAN & GUILLAUMIN réunies | MARCEL RIVIÈRE et Cⁱᵉ
BOULEVARD SAINT-GERMAIN, 108 | 31, RUE JACOB

1911

Période de 1899 à 1908 inclus (dix années)

DÉSIGNATION	FRANCE		ALLEMAGNE (1) Grèves et lock-outs		ANGLETERRE (2)	
Total des ouvriers........	2.030.987		1.579.450 455.644 —— 2.035.094		1.379.790	
Total des conflits........	8.754	p. 100 —	17.425 1.314 —— 18.739		5.037	p. 100 —
Succès des ouvriers	1.939	22,15	3.503 196 —— 3.699	p. 100 — 19,76	1.362	27,22
Succès partiels.........	3.351	38,28	6.422 598 —— 7.020	37,48	2.141	42,78
Défaites	3.464	39,57	7.500 510 —— 8.010	42,76	1.501	30,00

(1) 10 résultats inconnus. — Le premier nombre est relatif aux grèves et le second aux lock-outs.

(2) 33 résultats inconnus. — La statistique anglaise ne tient compte d'une grève comprenant moins de 10 ouvriers et d'une grève durant moins d'un jour, que dans le cas où la grève entraîne une perte totale de plus de 100 journées.

Année 1909

DÉSIGNATION	FRANCE		ALLEMAGNE Grèves et lock-outs		ANGLETERRE (1)	
Total des ouvriers.......	167.492		130.883		170.258	
Total des conflits	1.025	p. 100 —	1.052	p. 108 —	436	p. 100 —
Succès des ouvriers.....	217	21,17	292	17,67	79	18,33
Succès partiels.........	385	37,56	579	35,05	153	35,50
Défaites...............	423	41,27	781	47,28	199	46,17

(1) Résultats inconnus : 5. — Voir la note du tableau précédent, sur les grèves qui ne figurent pas dans la statistique.

Ces chiffres prouvent — c'est un fait qu'on oublie trop volontiers — que les conflits du travail se produisent dans tous les pays industriels et que partout le même problème se pose. Ils prouvent aussi que la crise est plus aiguë en Allemagne ; les grèves sont plus nombreuses dans ce pays et les lock-outs y sont fréquents et importants. Malgré un grand développement industriel, l'Angleterre est moins atteinte actuellement par les conflits collectifs, dont le nombre, sinon l'importance, décroît toujours depuis dix ans.

Si, dans ce tableau comparatif, la France occupe une situation intermédiaire, les chiffres ne sont pourtant pas très rassurants. On compte chaque année, en moyenne, près de 900 grèves et le nombre des grévistes s'élève à 200,000. Le mouvement ne cesse de s'accentuer: dans la période de 1890 à 1900, le nombre moyen des grèves n'atteignait pas 500 chaque année, tandis que depuis 1906 il se maintient au-dessus de 1,000.

Il a été démontré, notamment par M. Picquenard (1), que le mouvement gréviste ne cause au pays que des pertes matérielles assez minimes et que, d'autre part, les ouvriers obtiennent, par la grève, des améliorations appréciables et souvent nécessaires. Mais la grève n'est pas seulement un fait économique, elle est aussi un fait social d'une réelle gravité, surtout parce qu'il est à peu près inévitable. Il serait, en effet, presque aussi vain de chercher à supprimer la grève que de vouloir faire disparaître les multiples causes économiques, sociales, morales et politiques qui la font éclater de toute part. Ce que nous pouvons et ce que nous devons nous proposer, dans l'intérêt des ouvriers, des patrons et du corps social tout entier, c'est de régulariser un tel mouvement, d'en

---

(1) *Le Droit de grève*, p. 163. Félix Alcan, éditeur, Paris.

atténuer la fréquence et l'intensité, de prouver aux intéressés que les solutions pacifiques sont à la fois les plus honorables et les plus avantageuses.

Où en sommes-nous, à cet égard, en France et à l'étranger ? Quels sont les moyens employés, notamment par la législation, pour régler les conflits ? Dans quelle mesure ces moyens sont-ils efficaces ?

Commençant cet examen par la France, nous rappellerons d'abord les dispositions essentielles de la loi du 27 décembre 1892 sur la conciliation et l'arbitrage.

Loi du 27 Décembre 1892. — Ses dispositions principales

La procédure légale ne peut s'ouvrir qu'après la naissance d'un différend d'ordre collectif. La loi ne cherche pas à aplanir les difficultés dès qu'elles se produisent, elle ne vise qu'à rétablir l'accord lorsqu'il est rompu.

L'instrument pacificateur est purement facultatif; il est à la disposition des deux parties qui, d'abord, doivent admettre qu'il convient de recourir à la conciliation. De plus, tant que le conflit n'est pas déclaré, la loi n'a pas d'agent d'exécution. Quand la lutte est engagée, que les parties sont aux prises, à ce moment peu propice, le juge de paix peut rappeler aux belligérants qu'ils pourraient, au lieu de se battre, venir causer en sa présence des questions en litige et essayer de les régler amiablement. La loi est moins exigeante que la simple politesse puisque les intéressés ne sont pas tenus de répondre, même par lettre, à l'invitation du juge de paix. Enfin, quand ce magistrat ne connaît pas les intéressés, il peut porter son invitation à leur connaissance par voie d'affiches.

Procédure de conciliation. — Bien que certaines expressions légales puissent prêter à confusion, la loi institue deux procédures distinctes : une procédure de conciliation et, après échec de celle-ci, une procédure d'arbitrage.

Le recours à la loi aboutit d'abord, si les deux parties y consentent, à la formation d'un comité de conciliation. Dans la majorité des cas, le comité est formé par des délégués dont le mandat n'est soumis, quant à la validité, à aucune règle formelle.

Chaque partie ne peut avoir que cinq mandataires au plus. Cette limite assez étroite est, tout le monde en convient, très favorable à la discussion et à l'entente. Les mandataires doivent être choisis parmi les intéressés. Cette disposition écarte souvent les représentants du syndicat ; elle peut s'expliquer, mais nous croyons que la présence dans le comité d'un représentant du syndicat faciliterait plus souvent qu'on ne pense les concessions réciproques et le succès de la conciliation.

Les délégués des deux parties, ainsi mis en présence, peuvent discuter en toute liberté. Ils ne sont pas tenus de s'entendre. C'est un simple échange de vues.

Le rôle du juge de paix est très effacé. Il assiste à l'entrevue dont il dresse procès-verbal et c'est tout. Il n'est pas même, en droit, président de la réunion. En fait, il la préside et facilite beaucoup les négociations.

La procédure d'arbitrage. — Si le comité de conciliation n'aboutit pas, le juge de paix, dont le rôle est ici plus important, doit proposer aux parties le recours à l'arbitrage. Comme dans la conciliation, les deux parties sont entièrement libres d'accepter ou de rejeter la proposition, et la seconde procédure ne peut fonctionner qu'avec leur assentiment préalable.

Le nombre des arbitres n'est pas légalement fixé, mais il va sans dire que ce nombre doit être le même pour les deux parties.

Lorsque les deux parties sont volontairement entrées dans la voie de l'arbitrage, la loi exige, d'accord avec le bon sens, que le conflit soit solutionné. Aux termes de l'article 8, si les arbitres ne parviennent à s'entendre, ni sur la solution du conflit, ni sur le choix d'un départiteur, celui-ci est désigné par le président du tribunal civil.

Les sanctions. — La loi ne comporte aucune sanction, au sens juridique. Elle n'a que des sanctions morales : affichage des actes de la procédure, des décisions du comité de conciliation ou des sentences arbitrales. L'opinion publique est seule juge, même dans le cas où l'une des parties ne se soumettrait pas à la sentence des arbitres.

Telle est l'économie de la loi dont nous allons faire connaître les résultats depuis 17 ans qu'elle est en vigueur.

Les résultats de la loi

De 1893 à 1909, il y a eu 2,794 recours à la loi : 1,350 par les ouvriers (48 pour cent), 73 par les patrons, 80 par les deux parties et 1,291 (46 pour cent) par les juges de paix. Comme il s'est produit, pendant cette période, 12,405 grèves, il n'y a donc eu recours à la loi que dans moins du quart des grèves (22,5 pour cent).

Les différends étant généralement soulevés par les réclamations ouvrières, il est naturel que ce soit les ouvriers qui, dans la moitié des cas, aient pris l'initiative du recours.

Les juges de paix ne sont intervenus d'office que dans moins de 1,300 conflits. Devant le nombre considérable des grèves (9,600 ou plus des trois quarts du total) dans lesquelles personne n'a proposé l'application de la loi, on ne peut que regretter le défaut d'initiative des magistrats cantonaux. Tout en réservant les cas où leur intervention ne pouvait pas aboutir et ceux où elle ne devait pas se produire, il est bien évident qu'il reste des milliers de conflits où la loi leur faisait un devoir d'adresser aux deux parties un appel à la conciliation.

Les recours avant grève. — La procédure peut être mise en mouvement par les intéressés après la naissance du différend et avant la déclaration de grève ou de lock-out. Le recours avant la grève est le but idéal de la loi, déclare le ministre de la Justice dans ses instructions aux magistrats. Ce but est vraiment demeuré trop idéal. On ne compte, en effet, que 154 recours avant grève pendant toute la période, dont 84 pendant les cinq dernières années. Dans 50 cas, sur ces 84, la grève ayant été évitée, le but idéal de la loi a été atteint. C'est un résultat insignifiant.

Les échecs de l'action légale. — Sur 2,794 recours, 1,015 ou 36 pour cent ont été repoussés : 859 par les patrons, 57 par les ouvriers et 99 par les deux parties.

156 fois (57 + 99) les ouvriers eux-mêmes n'ont pas voulu former un comité de conciliation.

Les patrons sont responsables de l'échec total de la loi dans les cinq sixièmes des cas. Si l'on veut juger impartialement cette attitude, il ne faut pas oublier que la conciliation est presque toujours proposée au cours de la grève, quand les esprits sont montés, les amours-propres froissés, en pleine effervescence en un mot. D'autre part, les patrons supposent que, s'ils se prêtent à la conciliation, il leur faudra accorder certaines satisfactions, céder au moins partiellement. Or, dans la fièvre de la lutte, faire des concessions à leurs ouvriers en état de révolte, ou simplement discuter avec eux ou leurs délégués, leur apparaît comme une atteinte à leur autorité, voire à leur dignité.

Si cette attitude patronale peut s'expliquer, nous ne pouvons cependant ni l'excuser, ni surtout l'approuver. La bienveillance qui doit toujours inspirer les patrons, une éducation supérieure et une instruction plus complète, l'aisance et quelquefois la fortune, la pratique des affaires et la direction des hommes, leur responsabilité sociale, leur véritable intérêt même, tout les engage à se rendre avec bonne volonté à la réunion de conciliation. Ils doivent surtout s'y rendre par respect pour la loi — dont ils savent bien demander la protection, le cas échéant — et par déférence pour son représentant.

Aux 1,015 échecs complets de la loi, il faut ajouter 510 échecs partiels. Sur ces derniers, on compte 340 refus de recourir à l'arbitrage, après l'insuccès des comités de conciliation : 168 refus émanent des patrons, 50 des ouvriers et 122 des deux parties. En résumé, sur 2,794 recours, 1,525 ou plus de la moitié ont échoué.

Les succès de l'action légale. — Sur les 12,405 grèves de la période, 1,269 ou 10 pour cent ont été réglées par l'action légale. Ce résultat très modeste acquiert cependant quelque importance si on le compare au nombre des recours à la loi. En effet, 45 pour cent des recours, soit près de la moitié, ont été couronnés de succès. Il est donc fort probable que la loi aurait plus largement atteint son but si, à défaut des parties intéressées, les juges de paix avaient mieux rempli leur devoir. Cette observation est d'autant plus fondée que, nous le verrons bientôt, de nombreuses grèves ont été réglées en dehors de l'action légale, grâce à l'intervention spontanée de personnalités diverses.

Quels ont été, respectivement, les succès de la procédure de conciliation et ceux de la procédure d'arbitrage ? Sur 1,269 grèves réglées, 342 l'ont été indirectement, 833 directement par la conciliation et 94 par l'arbitrage.

La leçon des faits, il faut le dire, n'est pas favorable à l'arbitrage facultatif, tel qu'il est organisé par la loi. A noter que, dans 170 cas (510 — 340), le juge de paix — bien que la loi le lui prescrive — n'a pas cru utile de proposer aux parties le recours à l'arbitrage.

On peut apprécier les avantages de la loi de 1892 en comparant les grèves réglées par l'action légale avec celles dans lesquelles la loi n'a pas été appliquée ou a échoué. Tel est l'objet du tableau ci-dessous, dans lequel les 12,405 grèves de la période sont réparties en deux groupes, d'après leurs résultats : d'un côté, les 11,136 grèves réglées en dehors de la loi ; de l'autre, les 1,269 grèves solutionnées par l'action légale.

Résultats des grèves de 1893 à 1909

(17 années)

RÉSULTATS	GRÈVES dans lesquelles la loi de 1892 n'a pas été appliquée ou a échoué		GRÈVES réglées par la loi de 1892	
	NOMBRE DE GRÈVES	POUR CENT	NOMBRE DE GRÈVES	POUR CENT
Réussite	2.519	22,62	227	17,89
Transaction . .	3.725	33,45	840	66,19
Echec	4.892	43,93	202	15,92
TOTAUX . . .	11.136	100,00	1.269	100,00

Ce tableau permet de faire des constatations fort encourageantes. Quand la loi n'intervient pas, nous avons, pour 100 grèves : 23 réussites, 33 transactions et 44 échecs (en chiffres ronds). Quand la loi exerce son action pacificatrice, les échecs tombent à 16, les réussites descendent à 18 et les transactions montent à 66 pour cent.

Nous sommes donc autorisés, par les faits, à dire aux deux parties, aux ouvriers comme aux patrons, que le règlement amiable des conflits est à la fois plus raisonnable et plus avantageux. Il assure, en effet, dans la proportion de 66 pour cent ou des deux tiers, une solution transactionnelle qui, ne laissant ni vainqueurs ni vaincus, permet de reprendre la tâche interrompue avec bonne humeur ; c'est la réconciliation dans le travail.

Les résultats des autres interventions

La loi de 1892 n'a été mise en mouvement que dans un quart des 12,400 grèves (22,5 pour cent) et elle n'en a concilié que 10 pour cent. Il est facile de montrer qu'elle est loin d'avoir épuisé l'esprit de conciliation contenu dans les 11,000 autres conflits.

Succès obtenus par diverses notabilités. — Quand les intéressés ne sont pas disposés à la conciliation et que le juge de paix ne met pas la loi en mouvement, des personnes autorisées s'efforcent cependant de rapprocher les parties et de trouver un terrain d'entente. Ce sont ordinairement les préfets et sous-préfets, les maires, députés, conseillers généraux et municipaux, des fonctionnaires, etc. On y relève aussi des arbitrages rendus par les ministres ; par exemple, celui que rendit Waldeck-Rousseau dans la grève du Creusot, en 1899.

La statistique nous permet, au moins pour les huit dernières années, de mesurer les succès obtenus par ces conciliateurs volontaires.

De 1902 à 1909 inclus, il s'est produit 7,617 grèves. Or, 681 d'entre elles, soit 9 pour cent, ont été solutionnées par diverses notabilités ayant agi soit comme conciliateurs, soit comme arbitres.

Si nous admettons cette proportion pour l'ensemble de la période, ce qui est assez plausible, on voit que cette intervention spontanée a donné des résultats presque aussi importants que ceux que nous devons à la loi de 1892. Non seulement la proportion des grèves ainsi réglées atteint 9 pour cent, mais dans ces 681 grèves figurent des conflits portant chacun sur plusieurs milliers de grévistes.

Succès obtenus par les syndicats ouvriers. — La statistique nous révèle un autre fait qui prépare l'avenir et qui est d'ailleurs trop ignoré. Elle signale avec soin les grèves qui ont été solutionnées par l'action syndicale, soit par négociations entre le syndicat patronal et le syndicat ouvrier, soit par la seule et efficace intervention de ce dernier. Il ne s'agit pas d'une action quelconque que le syndicat ouvrier peut exercer dans une grève faite par tout ou partie de ses membres. Le document officiel ne met la solution d'un conflit à l'actif d'un syndicat ouvrier que lorsque son intervention a été acceptée par le ou les patrons intéressés et que cette intervention a effectivement mis fin au conflit. Or, voici les chiffres :

Sur les 7,617 grèves des huit dernières années (1902-1909), 706, soit 9,27 pour cent. ont été solutionnées par l'action syndicale. Ces grèves ont presque toujours une importance réelle. Les 152 grèves ainsi réglées en 1906 comprenaient 103,000 grévistes, ou 23 pour cent du total. Les 103 grèves de 1909 portaient sur 30,000 grévistes ou 23 pour cent également.

Si nous récapitulons les résultats obtenus par les trois procédés employés jusqu'ici en France pour régler les conflits, nous trouvons que, sur 100 grèves, l'action syndicale en a réglé 9, celle de diverses notabilités 9 et l'action légale 10, soit 28 pour cent. Ainsi, sur 12,400 grèves de la période, 3,470 ont été solutionnées à l'amiable et 8,930 ou 72 pour cent ont été livrées à elles-mêmes et n'ont pris fin que par la force des choses.

Il est bien évident que les résultats obtenus sont insuffisants et qu'il est possible de faire mieux. On ne saurait admettre, sans danger pour la société et sans porter atteinte à l'esprit de solidarité sociale, qu'indéfiniment près des trois quarts des grèves puissent rester sans solution normale.

La situation à l'étranger

Examinons maintenant la même situation à l'étranger. Cette revue ne portera d'ailleurs que sur deux grandes nations industrielles, l'Angleterre et l'Allemagne ; notre pays est avec elles en rapport économique assez étroit et l'organisation du travail est très comparable à la nôtre. Les autres pays nous fourniraient, sans doute, notamment en ce qui touche la législation, des renseignements et des indications utiles, mais, outre qu'une étude ainsi comprise nous entraînerait très loin, elle pourrait nous exposer à vouloir introduire en France des méthodes qui ne donnent de bons résultats à l'étranger que parce que la situation économique ou sociale est tout autre que la nôtre.

En Allemagne

C'est en Allemagne, on l'a vu par les chiffres donnés plus haut, que, depuis plusieurs années, les conflits du travail (grèves ou lock-outs) sont les plus nombreux et peut-être aussi les plus aigus ; dans ce pays, en tout cas, les patrons décident plus fréquemment qu'ailleurs de fermer les établissements (lock-out) pour résister aux réclamations des ouvriers.

Aux termes de la loi du 29 juillet 1890, modifiée par la loi du 30 juin 1901, le conseil de prud'hommes ou tribunal industriel peut se transformer en comité de conciliation et d'arbitrage et essayer de régler les conflits. Il ne peut remplir ce rôle que si les deux parties sollicitent son intervention. En cas d'échec de la tentative de conciliation, le comité peut, s'il le juge convenable, prendre une décision sur le fond du litige, c'est-à-dire prononcer un arbitrage, qui n'a d'ailleurs pas force exécutoire. La décision est signifiée aux deux parties qui ont à faire connaître, dans un délai déterminé, si elle est acceptée. Le comité doit publier, dans tous les cas, le résultat de son intervention.

Voici les résultats obtenus par la loi pendant les cinq dernières années (1905-1909) :

Total des conflits (grèves et lock-outs)..	11.971
Interventions des comités...............	933
Accords dans les comités....	730
Décisions arbitrales......	178
Décisions acceptées...................	129
Total des conflits réglés..............	859
Conflits réglés par rapport au total des conflits...	7 %

La proportion des conflits solutionnés par l'action légale est très faible, plus faible que celle qui est obtenue par la loi française. Une disposition de la loi allemande est cependant à retenir, celle qui autorise le comité, en cas d'échec de la conciliation, à statuer lui-même sur le fond du litige. Cette disposition donne des résultats assez importants puisque, sur 178 décisions prises par les comités, 129, ou près des trois quarts, ont été acceptées par les intéressés.

L'action syndicale exerce certainement, en Allemagne, une influence heureuse sur un certain nombre des grèves et lock-outs, mais nous ne pouvons la mesurer par des chiffres précis. Le journal du syndicalisme allemand nous apprend à cet égard que, chaque année, les syndicats obtiennent, sans grève, des résultats importants, par les mouvements de salaires et les négociations amiables avec les patrons. De leur côté, les documents officiels nous font connaître que 6,578 contrats collectifs de travail portant sur 137,000 établissements industriels et intéressant 1,107,000 ouvriers étaient en vigueur en janvier 1910. D'autre part, sur 2,090 contrats collectifs qui ont été signés en 1909, 1,177, ou plus de la moitié, prévoient que les différends collectifs devront être réglés par la conciliation ou l'arbitrage.

En Angleterre

L'Angleterre, pays classique du syndicalisme, du contrat collectif et des conseils de conciliation et d'arbitrage, va nous offrir des résultats autrement importants. A vrai dire, la loi ne joue qu'un rôle secondaire, plutôt indirect, dans le règlement amiable des différends et des conflits.

La loi du 7 août 1896 (1) ne contient aucune disposition très neuve sur la matière. Elle donne mission au Ministère du Commerce, dont l'Office du travail est l'un des services, de jouer directement un rôle de conciliateur, toutes les fois que la chose est à la fois nécessaire et possible. Elle invite le Ministère à faire des efforts — on

---

(1) La loi de 1896 remplace les lois de 1824, 1872 et 1878 sur le même sujet.

pourrait dire de la propagande — en faveur des conseils de conciliation et d'arbitrage et à créer des conseils, soit pour une région, soit pour une industrie déterminée. Enfin, elle prescrit des mesures administratives en vue d'assurer le fonctionnement normal des conseils de conciliation, professionnels ou régionaux.

Il importe d'apprécier la situation anglaise dans son ensemble. A cet effet, nous avons d'abord groupé, dans le tableau suivant, les grèves des dix dernières années (1900-1909), d'après les divers moyens qui ont été employés pour les régler (1) :

Résultats des divers modes de règlement des grèves

MODES DE RÈGLEMENT	GRÈVES		GRÉVISTES	
	Nombre total	p. 100	Nombre total	p. 100
Accords directs entre les parties ou leurs représentants...............	3.237	68,09	785.019	63,63
Conciliation.............. Arbitrage..... .... (sous diverses formes)	209 } 183	8,25	253.745 } 71.018	26,32
Aucune négociation, remplacement des ouvriers, fermeture des usines, etc...................	1.125	23,66	123.999	10,05
Totaux....	4.754	100,00	1.233.781	100,00

(1) Les résultats des 4,754 grèves de cette période décennale (1900-1909) ont été les suivants : Réussite, 25 pour cent; transaction, 32; échec, 43. D'après le nombre des grévistes, les résultats sont assez différents : Réussite, 25 pour cent; transaction, 45; échec, 30.

On voit que, depuis dix ans, sur 100 grèves, 68 (avec 64 pour cent des grévistes) ont été réglées par des accords directs entre les parties ou, le plus souvent, entre les représentants de celles-ci, c'est-à-dire entre le syndicat patronal et le syndicat ouvrier de la profession. Voilà, si je ne m'abuse, le meilleur fruit de ce grand syndicalisme anglais, foncièrement réformiste. Et il est bien maigre le petit chiffre de 9 pour cent qu'en regard nous pouvons mettre à l'actif des syndicats français ! Le résultat obtenu par les syndicats anglais est la récompense, non seulement d'une méthode réformiste éprouvée, mais aussi de réels efforts et même de luttes quelquefois très vives. Pour s'en convaincre, il suffit de constater que, pendant la période, dans 23 pour cent des grèves, soit près du quart (qui ne comprennent, il est vrai, que 10 pour cent des grévistes), les patrons ne se sont prêtés à aucune négociation.

Dans le règlement des grèves — qu'il ne faut pas confondre avec le règlement des différends — la conciliation et l'arbitrage, sous leurs diverses formes, ne donnent qu'un résultat modeste : 8 pour cent des grèves comprenant d'ailleurs plus du quart des grévistes; dans cette proportion, l'action légale n'entre pas même pour 2 pour cent. Voici les résultats respectifs, pendant la période, des divers modes de conciliation et d'arbitrage.

	Grèves.	Grévistes.
Applications de la loi de 1896.........	90	73.143
Bureaux permanents et professionnels.	98	87.113
Bureaux généraux, trade-councils, etc.	17	2.384
Médiateurs et arbitres individuels.....	180	156.253
Divers	7	3.870
Totaux.....	392	324.763

Le règlement amiable des différends. — Les tableaux précédents ne donnent qu'une idée très incomplète de la situation anglaise. Ils ne concernent que les grèves et lock-outs et, par suite, ils ne font connaître ni le nombre réel des différends collectifs qui se produisent en Angleterre ni les résultats obtenus par les institutions chargées de concilier ces différends. La vérité est que, chez nos voisins, on fait au moins autant d'efforts pour concilier les différends (et ainsi prévenir les grèves et les lock-outs) que pour régler les conflits.

Cette action pacificatrice, trait distinctif de l'Angleterre, est essentiellement l'œuvre de ces admirables bureaux permanents de conciliation et d'arbitrage (Permanent Boards of conciliation and arbitration) qui ont été fondés, le plus souvent après des conflits retentissants, par un accord entre la Fédération nationale des patrons et la Fédération nationale des ouvriers de la profession (1). Des bureaux permanents existent dans la plupart des industries et à peu près dans toutes les professions où le syndicalisme est puissant : mines, bâtiment, métaux, construction de navires, textile, chaussures, livre, etc.

124 bureaux fonctionnaient en 1909. Au cours de l'année, sur 1,997 différends qui leur ont été soumis, ils en ont réglé 1,023 (ou plus de la moitié), dont 23 seulement après le commencement de la grève. Ils ont ainsi prévenu 1,000 grèves dans une seule année. Ajoutons que, parmi ces différends conciliés avant grève, l'un d'entre eux intéressait 310,000 ouvriers mineurs syndiqués.

---

(1) C'est ainsi que le bureau permanent des mécaniciens a été fondé, en 1898, à la fin de la grande grève et du lock-out motivés par la demande de la journée de huit heures, ou semaine de 48 heures, faite, en août 1897, par les mécaniciens syndiqués de Londres.

Voici les résultats obtenus par les bureaux permanents au cours des dix années 1900-1909 : différends examinés, 15,780 ; différends réglés, 7.508, soit près de 48 pour 100. Il convient de noter que l'institution est plus développée dans l'industrie des mines qu'en aucune autre ; sur les 7,508 différends réglés au cours de la période décennale, 4,886, ou 65 pour 100, ont été l'œuvre des bureaux de mineurs.

La loi participe directement à cette action bienfaisante, dans une mesure d'ailleurs beaucoup plus modeste. Au cours de la même période, et en vertu de la loi de 1896, le *Labour department* est parvenu à concilier 100 différends collectifs, soit 10 en moyenne chaque année; en 1909, le nombre s'est élevé à 30.

En résumé, si les divers modes de conciliation ou d'arbitrage ne jouent qu'un rôle secondaire dans les conflits déclarés, ils sont, en revanche, pleinement efficaces dans la solution des différends puisque, depuis dix ans, ils ont réussi à prévenir plus de 750 grèves chaque année.

Quel enseignement pouvons-nous tirer de la situation anglaise ?

Sur 1,200 contestations environ qui se produisent chaque année entre employeurs et employés, 750, soit près des deux tiers, sont réglées sans aucune interruption du travail et 450, soit un peu plus d'un tiers, causent des grèves ou des lock-outs. Il est donc prouvé, par les faits, que les contestations entre patrons et ouvriers peuvent, dans une très large mesure, se régler à l'amiable et sans recours à la grève. Les conflits eux-mêmes sont susceptibles d'un règlement pacifique puisque, en Angleterre, les trois quarts des conflits, comprenant 90 pour cent des ouvriers, sont solutionnés par des négociations entre les parties, la conciliation ou l'arbitrage. Au fond du creuset social, il ne reste qu'un résidu d'un quart des conflits, une centaine environ chaque année, ne portant que sur 10 pour cent des ouvriers.

La situation, en France, est malheureusement tout autre. C'est à peine si nous pouvons citer quelques rares contestations qui se règlent à l'amiable et sans causer la cessation du travail. Quant aux grèves, 28 pour cent d'entre elles seulement font l'objet de négociations amiables et reçoivent une solution à peu près normale; les deux autres tiers des grèves, abandonnées à elles-mêmes, ne prennent fin que par lassitude, impuissance ou rupture complète entre les parties.

Une situation aussi lamentable ne peut pas se prolonger indéfiniment et, pour essayer de l'améliorer, nous vous soumettons une série de propositions tendant à perfectionner les moyens légaux de régler les conflits collectifs.

EXAMEN DES VŒUX PROPOSÉS

L'organe vraiment propre à régler les différends et prévenir les grèves comme à solutionner rapidement les conflits, ce sont les institutions professionnelles librement fondées par les deux parties intéressées. C'est l'évidence même. Pourtant, à défaut de ces institutions, l'action légale peut aussi, surtout dans notre pays, donner des résultats appréciables, si nous savons tenir compte des leçons de l'expérience et des principales difficultés du problème à résoudre. A ce double point de vue, il nous semble que la loi de 1892, dont le principe est d'ailleurs excellent, donnerait de meilleurs résultats si elle était complétée par les mesures suivantes :—

1° Obliger les parties à se rendre à la convocation du juge de paix, c'est-à-dire prescrire une tentative obligatoire de conciliation;

2° Donner aux représentants des syndicats intéressés le droit d'assister, avec voix consultative, aux séances du comité de conciliation ;

3° Assurer l'intervention d'office du juge de paix dans la plupart des conflits ;

4° Créer, dans les principaux centres industriels, un conseil -permanent de conciliation et d'arbitrage qui remplacerait le juge de paix et donner à ce conseil le droit d'indiquer la solution raisonnable du conflit, en cas d'échec de la conciliation ;

5° Confier au ministère du Travail un rôle de conciliateur dans les conflits importants ;

6° Enfin, allouer des subventions aux diverses institutions de conciliation et d'arbitrage.

Examinons brièvement chacune de ces propositions.

1° *Tentative obligatoire de conciliation.* — La tentative de conciliation a échoué dans la moitié des recours à la loi de 1892 et cet échec provient du refus des patrons, dans les cinq sixièmes des cas. Voilà le fait.

Il n'est pas excessif d'affirmer que le patron, par respect pour la loi et son représentant, comme pour donner une preuve de bonne volonté, doit répondre à l'invitation du magistrat et se prêter de bonne grâce, non pas à un arrangement, mais à une tentative de conciliation.

De trop nombreux patrons n'accomplissant pas volontairement cette obligation de leur fonction, il paraît légitime de la leur imposer, sauf le cas d'excuse valable. Parmi les excuses valables, il est utile de noter spécialement le cas où des négociations seraient engagées entre les parties elles-mêmes. Il va sans dire que les défaillants ouvriers seraient également passibles d'une amende et que, dans tous les cas, l'amende ne pourrait être infligée qu'à une personne ayant été nommément convoquée.

2° *La conciliation et les syndicats*. — La grève étant, en nombre de cas, l'œuvre du syndicat ouvrier, on croit généralement que, par cela même, ce syndicat est hostile à toute concession de nature à ramener la paix. Les faits protestent contre cette idée préconçue. Il peut y avoir des exceptions mais, en règle générale, le syndicat est favorable à une solution transactionnelle. En tout cas, lui interdire l'entrée des séances du comité de conciliation, comme le fait trop souvent l'application de la loi actuelle, est le véritable moyen, ou de faire naître son hostilité, ou de l'accroître si elle existe. Il serait à la fois plus habile et plus conforme à la réalité des faits d'autoriser, au contraire, un représentant du syndicat, soit ouvrier, soit patronal, à assister aux séances du comité ; il y ferait entendre, à côté des intéressés, la voix de l'intérêt collectif et professionnel qui se trouve presque toujours engagé dans le conflit à résoudre.

Toutefois, cette faculté nouvelle pour le syndicat ne se justifie pleinement que si le conflit porte sur plusieurs établissements à la fois ; elle pourrait donc être accordée lorsque la grève atteint cinq établissements au moins.

3° *Le devoir des juges de paix*. — Dans les trois quarts des grèves, la loi n'a pas été mise en mouvement par le juge de paix, contrairement à la volonté du législateur et à la prescription formelle de l'article 10. Cette inertie est d'autant plus regrettable qu'en principe et pour les cas ordinaires, le magistrat cantonal reste, à notre avis, malgré ses imperfections, le meilleur agent d'exécution de la loi. On sait, d'ailleurs, qu'un certain nombre de juges de paix s'acquittent de cette mission sociale avec un zèle et une habileté tout à fait dignes d'éloges. Le ministre de la Justice ferait donc œuvre utile en invitant les juges de paix à intervenir dans la plupart des conflits pour adresser aux parties, conformément à la loi, un appel à la conciliation.

4° Création de conseils permanents dans les principaux centres industriels. — Si le juge de paix doit rester l'agent d'exécution de la loi dans les cas ordinaires, partout où l'industrie n'a qu'une faible importance, le moment est venu, à notre avis, de le remplacer par un organe plus compétent et plus qualifié dans les principaux centres industriels.

Cette création nouvelle nous rapprocherait des conseils fondés, en Angleterre, par les intéressés eux-mêmes, et qui donnent les résultats que vous avez pu apprécier. La loi ne pouvant, avec chances de succès, instituer d'office des conseils de conciliation sur une base professionnelle, — base qui est de beaucoup la meilleure — il s'agit de fonder tout au moins un conseil général et commun à toutes les industries d'une localité ou d'une région déterminée.

La présidence de chaque conseil serait confiée à un juge du tribunal civil, c'est-à-dire à un magistrat ayant par ses fonctions une grande autorité morale.

Les membres du conseil seraient élus, en nombre égal, parmi les patrons et parmi les ouvriers : les représentants des patrons par la chambre de commerce, les conseillers prud'hommes patrons et les syndicats patronaux ; les représentants des ouvriers par les conseillers prud'hommes ouvriers et les syndicats d'ouvriers et d'employés.

Pour tenir compte de l'importance relative des divers centres industriels, le nombre des membres pourrait varier entre cinq au moins et dix au plus pour chaque élément.

Les membres du conseil siégeraient par roulement, comme dans les tribunaux consulaires et les conseils de prud'hommes ; pour chaque affaire, le conseil comprendrait, outre le président, un représentant au moins et trois au plus de chaque élément.

Afin d'assurer des rapports réguliers entre le ministre compétent et le conseil permanent, le secrétaire de ce dernier serait désigné par le ministre du Travail. C'est également le ministre du Travail qui, après avoir consulté les intéressés, désignerait les localités où un conseil peut être créé et rendre des services.

Enfin, comme en Allemagne, le conseil pourrait, après échec de la tentative de conciliation et si la majorité en décidait ainsi, examiner le litige au fond. Sa décision serait portée à la connaissance des parties qui conserveraient le droit absolu de l'accepter ou de la repousser. Toutefois, l'opinion publique serait saisie par le conseil lui-même qui publierait, dans tous les cas, le résultat de son intervention.

Telle est, dans ses grandes lignes, l'institution qui pourrait, dans les principaux centres industriels, donner à la loi de 1892 une plus grande efficacité.

5° *Le rôle du ministère du Travail.* — Pour faciliter le règlement amiable des conflits du travail, il faut multiplier, à notre avis, les institutions et les organes de conciliation et d'arbitrage. Une grande variété dans les institutions s'observe en Angleterre où, cependant, les conseils professionnels sont nombreux et très efficaces. Elle doit plus encore se trouver en France, puisque les organes libres et spontanés sont très rares jusqu'ici.

Nous venons de proposer un nouvel organe pour les grandes villes industrielles. Le juge de paix conserve son rôle dans les cas ordinaires. La loi de 1908 sur les conseils consultatifs du travail autorise ces conseils à intervenir dans les conflits collectifs. Ce n'est pas suffisant.

La loi devrait, en outre, confier expressément au ministère du Travail un rôle de conciliateur dans tous les conflits importants. Ce ministère dispose des renseignements les plus précis sur les conflits. Il a des services tout organisés pour remplir la tâche dont il s'agit. Il est d'autant plus certain que son intervention sera toujours, sinon efficace, au moins utile, qu'il est déjà intervenu, à la demande de l'une des parties, dans un certain nombre de conflits au cours des dernières années.

En Angleterre, où les organes de conciliation sont si nombreux, le législateur a cependant chargé le Board of Trade d'accomplir cette mission pacificatrice. Pour ne citer qu'un exemple, c'est au nom de la loi de 1896 que M. Llyod George, président du Board of Trade, est parvenu, en novembre 1907, à éviter la grève dans les chemins de fer, en faisant signer un accord par les compagnies et par le syndicat du personnel (1).

L'intervention du ministère du Travail peut d'autant mieux se produire qu'en dehors de ses représentants directs, il peut aussi, — le décret d'institution le prévoit, — faire appel, le cas échéant, au concours du Conseil supérieur du travail ou de sa commission permanente qui siège toute l'année.

6° *Les subventions de l'État.* — Enfin, l'État devrait allouer des subventions, tant aux conseils permanents qu'aux commissions mixtes et autres institutions fondées entre employeurs et employés de la même profession, pour prévenir les conflits ou les solutionner.

---

(1) Les chemins de fer, en Angleterre relèvent du Board of Trade ; toutefois, leur indépendance à l'égard des pouvoirs publics est beaucoup plus grande qu'en France.

En participant ainsi aux dépenses occasionnées par le fonctionnement de ces diverses institutions de paix sociale, l'État ferait œuvre utile et le ministère du Travail pourrait plus facilement favoriser leur création et leur développement.

Nous avons ainsi traité le cas général et proposé de nouvelles mesures applicables à l'ensemble des conflits. Il faut maintenant examiner un certain nombre de cas particuliers, d'ailleurs très importants. Nous le ferons brièvement. Nous nous bornerons même, pour aujourd'hui, à vous présenter deux autres vœux relatifs, l'un à l'industrie des mines, l'autre à la grande industrie. C'est une nouvelle application de cette idée que les organes de conciliation doivent être nombreux et diversifiés.

Vœu relatif à l'industrie des mines

En ce qui concerne l'industrie des mines, qui occupe l'un des premiers rangs dans la vie industrielle, la Chambre est saisie, par un rapport de M. Basly, député mineur, d'un projet de loi déposé en 1908 par M. Viviani, ministre du Travail, et tendant à créer, dans l'industrie des mines, des comités permanents de conciliation.

Il s'agit de régulariser et de généraliser l'excellente institution qui fonctionne, depuis 1891, sous le nom de convention d'Arras, dans les houillères du Nord et du Pas-de-Calais. Les comités miniers auraient exactement les mêmes attributions que les comités de conciliation prévus par la loi de 1892. Toutefois, le juge de paix est écarté de la procédure; on ne voit pas, en effet, comment un magistrat cantonal pourrait intervenir dans un comité professionnel d'une telle importance.

Aux termes de l'article 8 du projet, toute modification aux conventions collectives de travail et aux conditions générales du contrat de travail devra être soumise au comité permanent. Dans le système proposé, la conciliation et l'arbitrage sont facultatifs, mais la tentative de conciliation est obligatoire.

Sans insister davantage sur l'intérêt et l'utilité de ce projet de loi, nous vous prions de demander à la Chambre d'en aborder prochainement la discussion.

Vœu relatif à la grande industrie

Ce rapport serait incomplet si nous ne rappelions à votre attention, en terminant, le projet de loi relatif au règlement amiable des différends du travail et tendant, pour la grande industrie, à instituer l'arbitrage obligatoire et, d'autre part, à organiser la grève. Il s'agit du projet de loi déposé, le 15 novembre 1900, par M. Waldeck-Rousseau et par notre président, M. Millerand. Il est soumis à la Chambre actuelle, au nom de sa Commission du travail, par un rapport de M. Colliard, député.

Vous connaissez le projet et il suffit de vous en rappeler les idées directrices : institution de délégués élus du personnel, règlement des différends collectifs par l'arbitrage, organisation méthodique de la grève. Les ouvriers, aux termes du projet, élisent des délégués qui ont le droit, une fois par mois au moins, de présenter les réclamations du personnel au chef d'établissement. Si un différend collectif se produit, il doit être soumis à l'arbitrage et la sentence est en principe obligatoire pour les deux parties. Toutefois, si la procédure n'est pas observée ou si la sentence n'est pas rendue dans les délais prescrits, le personnel peut abandonner le travail. Dans ce cas, la grève n'est pas livrée aux fantaisies individuelles. Elle est organisée méthodiquement et la volonté de la majorité fait la loi, qu'elle se prononce pour ou contre la cessation collective du travail.

Le projet a soulevé des inquiétudes et des critiques, d'ailleurs contradictoires. On ne saurait, en tout cas, lui dénier son caractère facultatif et, par suite, expérimental. L'employeur, en effet, reste seul juge de décider si le régime convient à son établissement. A cet égard, on pourrait désirer que la même garantie soit donnée aux ouvriers, au moyen par exemple d'un vote régulier renouvelable tous les cinq ans.

Ce projet expérimental ne vise que la grande industrie puisqu'il ne peut s'appliquer qu'aux établissements occupant 50 personnes au moins. Or, le nombre de ces établissements n'atteint pas 10,000 et sa proportion est inférieure à 2 % du total des établissements patronaux. Il est vrai que ces établissements occupent à eux seuls environ 1,500,000 ouvriers et employés.

Aux termes de l'article 4, le régime serait mis en vigueur, de plein droit, dans les établissements travaillant pour le compte de l'Etat et dans les principaux services concédés. On s'est élevé, du côté patronal, contre cette disposition. Les objections se heurtent, à notre avis, contre un principe, qui prévaudra tôt ou tard, et en vertu duquel l'Etat doit exiger de ses fournisseurs, non seulement des garanties techniques, mais aussi des garanties sociales.

Quoi qu'il en soit, ce projet a le précieux avantage d'ajouter, pour la grande industrie, un nouveau mode de règlement des différends collectifs et, à ce titre, il complète les propositions précédentes; c'est pourquoi nous prierons la Chambre, si vous le voulez bien, de l'examiner dès que possible, en vue d'augmenter encore la variété des modes de règlement des conflits du travail.

D'après le plan de ce rapport, nous devrions étudier maintenant un sujet important et de pleine actualité : la grève des agents des services publics et, en particulier, des chemins de fer. Par souci d'une bonne méthode de travail, il est peut-être préférable de disjoindre ce sujet très gros et très spécial et de le réserver jusqu'au moment où vous aurez statué sur les nombreuses questions soulevées par les vœux dont le texte suit.

VŒUX

PROPOSÉS PAR M. FAGNOT, RAPPORTEUR

A. — Réforme de la loi du 27 décembre 1892

1º *Toute personne directement intéressée dans un conflit d'ordre collectif qui est convoquée par le juge de paix pour une tentative de conciliation doit, sous peine d'amende, se rendre à la convocation, sauf excuse valable.*

L'excuse est valable notamment lorsque des négociations sont engagées entre les parties ou leurs représentants.

2º *Quand un conflit d'ordre collectif porte sur cinq établissements au moins, la loi devrait autoriser, sur leur demande, un représentant du syndicat patronal et un représentant du syndicat ouvrier, directement intéressés dans le conflit, à assister, avec voix consultative, aux séances du comité de conciliation.*

3º *L'Association regrette que jusqu'ici les juges de paix ne soient intervenus d'office que dans un petit nombre de grèves et elle prie le ministre de la Justice d'assurer, par de nouvelles instructions, l'application de l'article 10 de la loi.*

4º *Dans les centres industriels suffisamment importants, le juge de paix devrait être remplacé, comme agent d'exécution de la loi, par un conseil permanent de conciliation et d'arbitrage.*

Selon l'importance de chaque centre industriel, le conseil comprendra :

a) Un juge du tribunal civil, président, et un autre juge pour le suppléer ;

b) Cinq représentants au moins et dix représentants au plus de chacun des éléments patronal et ouvrier.

Les représentants des patrons seront élus par la chambre de commerce (un membre), les conseillers prud'hommes patrons (deux membres) et le surplus par les syndicats patronaux ayant leur siège dans la circonscription du conseil.

Trois représentants des ouvriers seront élus par les conseillers prud'hommes ouvriers et employés et le surplus par les syndicats d'ouvriers et d'employés ayant leur siège dans la circonscription du conseil.

Pour l'examen de chaque affaire, le conseil permanent sera composé, outre le président, d'un représentant au moins et de trois au plus de chacun des deux éléments.

Le secrétaire du conseil sera désigné par le ministre du Travail.

Après avoir consulté les divers corps et associations intéressés, le ministre du Travail désignera les centres industriels où il convient de créer l'institution.

Le conseil permanent pourra, en cas d'échec de la tentative de conciliation, retenir l'affaire et indiquer une solution sur les points en litige. Cette solution sera signifiée aux représentants des parties avec un délai pour faire connaître si elle est acceptée. A l'expiration du délai, le résultat obtenu sera publié.

5° En ce qui concerne les conflits d'une certaine importance, la loi devrait autoriser le ministère du Travail à seconder dans leurs efforts les organes officiels ou privés institués pour le règlement des conflits ou même à prendre l'initiative de la conciliation.

6° L'État devrait allouer des subventions aux conseils

permanents visés par le vœu n° 4, ainsi qu'aux commissions mixtes et autres institutions fondées entre employeurs et employés d'une même profession pour le règlement des différends collectifs.

B. — Vœu relatif à l'industrie des mines

L'Association émet le vœu que la Chambre veuille bien discuter dès que possible le projet de loi créant des comités miniers permanents.

C. — Vœu relatif à la grande industrie

L'Association émet le vœu que la Chambre veuille bien discuter dès que possible le projet de loi sur le règlement amiable des différends relatifs aux conditions du travail.

RAPPORT DE M. Charles ARQUEMBOURG

Messieurs,

En me faisant l'honneur de me demander un rapport sur les modifications à apporter à la loi du 27 décembre 1892, votre Secrétaire général ajoutait qu'il désirait me voir exposer l'opinion patronale sur la conciliation et l'arbitrage.

Je me suis efforcé de répondre à son désir en parcourant les principaux documents qui ont été publiés sur ces questions à la suite des discussions soulevées au sein des chambres de commerce et des syndicats patronaux par les divers projets de lois ayant pour but de régler les conflits du travail. Au cours de ce rapport, j'aurai l'occasion de reproduire les arguments invoqués dans ces documents, à l'encontre surtout de l'arbitrage, unanimement repoussé par le patronat. Si je n'ai pas trouvé dans ces documents la même opposition à l'égard de la conciliation obligatoire, il n'en est pas moins certain que celle-ci ne serait pas acceptée sans critiques et je dois ajouter que je n'ai pas trouvé à côté des arguments contre l'application obligatoire de la loi de 1892, l'indication des solutions nettes, aptes à lui donner plus d'efficacité; objet de la discussion que vous avez instituée.

D'autre part, si intéressant qu'il puisse être de résumer et condenser les opinions des personnes autorisées qui, dans ces grands groupements de l'industrie, ont toute qualité pour parler en son nom, il est bien difficile à un rapporteur de faire abstraction de ses idées personnelles. Il me paraît même que ce serait de sa part une erreur, car, lorsqu'une idée nous paraît juste, il est de notre devoir de l'affirmer et de la défendre, fût-elle même un peu en contradiction avec les idées qui ont cours dans le milieu où nous sommes appelés à évoluer.

Vous trouverez donc dans ce rapport, à côté de critiques et d'opinions qui me paraissent fondées et que je partage, des idées et des solutions qui sont de nature à soulever des objections de la part du patronat. Je vous devais tout d'abord cette déclaration.

Pour étudier les modifications à apporter à la loi du 27 décembre 1892, la première chose à faire est de rechercher comment elle a été appliquée, d'examiner les résultats de son application, comment ils ont varié ; d'étudier les causes de ces variations afin de voir si de cet examen nous ne pouvons pas tirer un enseignement.

Les statistiques publiées par l'Office du travail nous permettent cette étude. Constatons d'abord que, depuis 1890, le nombre des grèves, tout en variant notablement d'année en année pour augmenter, puis diminuer, n'en accuse pas moins une progression définitivement croissante, puisque, parti de 390 en 1890, il est arrivé à 1,073 en 1908, après avoir passé par 1,309 en 1906. La régularité de cette progression frappe surtout si l'on groupe ces nombres par périodes de deux ans.

Pendant l'année 1895, la proportion des recours à la loi a été de 20,74 %, elle augmente jusqu'à 27 % en 1901, puis tombe à 20 % en 1902 pour revenir à 29 % en 1905 ; elle décroît ensuite rapidement à partir de cette date pour arriver à 26,06 % seulement en 1908. Si l'on rapproche ces chiffres de ceux des grèves, on constate que, pendant les années 1896-97-98, le nombre des grèves a diminué tandis que la proportion des recours augmentait, cette augmentation s'arrête en 1899-1900, tandis que, pendant ces deux années, le nombre des grèves fait plus que doubler. Nouvelle augmentation des recours en 1901, correspondant à une notable diminution des grèves; en 1903 et 1904, la proportion est peu inférieure à celle de 1901. Le nombre des recours à la loi atteint son maximum en 1905, 29,64 %; en 1906, augmentation considérable du nombre des grèves, qui atteignent leur maximum, 1,309. Depuis cette date, la proportion des recours à la loi va toujours en diminuant, tout au moins jusqu'en 1908, dernière année dont les résultats ont été publiés. La diminution portant surtout sur les recours provoqués par les ouvriers, il semble que ceux-ci perdent confiance dans l'efficacité d'une intervention légale et c'est là un symptôme assez inquiétant.

Les résultats obtenus par l'application de la loi ne sont cependant pas négligeables, on peut même dire que son effet utile tend à s'affirmer. Si, en effet, au lieu de s'en tenir à l'examen du pourcentage des recours annuels, nous examinons quels ont été les résultats obtenus grâce à ces recours, si nous comparons, par exemple, les résultats de la période de quatre ans, de 1895 à 1898, avec celle de même durée, de 1905 à 1908, nous constatons qu'il y a eu, pendant la première période, seulement 16 recours à la loi avant cessation du travail et que 3 grèves seulement, soit 18,75 % du chiffre des recours, ont pu être évitées. Pendant la deuxième période, il y a eu 68 recours avant cessation du travail et 42 grèves, soit 60, 70 %, ont pu être évitées.

Si nous passons au recours après déclaration de la grève, il y a eu, pendant la première période, 354 recours qui ont mis fin à 111 grèves, soit une proportion de 31,35 %; pendant la deuxième période, il y a eu 912 recours qui ont mis fin à 466 grèves, soit 51,10 %.

En résumé, pendant la période de 1895 à 1898, la procédure instituée par la loi a permis de mettre fin à la grève dans 31 °/₀ des cas soumis à la conciliation, et dans la seconde période, de 1905 à 1908, à 52 °/₀; il y a là un progrès très notable. Il n'en est pas moins certain que les résultats donnés par la loi de 1892 sont insuffisants, quelles que puissent être les causes du manque de confiance en son efficacité que lui témoignent patrons et ouvriers.

En abordant l'étude des causes de l'échec relatif de la loi de 1892 et la recherche des remèdes à y apporter, ouvrons une parenthèse pour examiner ce qu'est le droit de grève et comment il est compris par les ouvriers, car c'est peut-être là l'un des principaux motifs de cet échec.

Si nous cherchons simplement à définir les faits que nous constatons, nous pouvons dire que la grève est la cessation collective du travail convenu. Cette cessation est, en général, le résultat d'un concert préalable qui porte un nom spécial, *la coalition*. Il peut y avoir coalition sans qu'il y ait grève, car des ouvriers peuvent s'entendre et s'engager à n'entreprendre un travail qu'à des conditions déterminées ; le contrat de travail n'existant pas et l'ouvrier étant libre de donner ou de refuser son travail, leur acte ne constitue pas un acte de grève.

Antérieurement à la loi du 25 mai 1864, de telles ententes étaient prohibées sous des peines sévères; elles étaient réprimées par la loi pénale. Depuis la loi du 25 mai 1864, elles sont permises et la loi de 1884 n'a fait que confirmer ce droit en même temps qu'elle donnait aux ouvriers le moyen d'en user plus facilement et, par voie de conséquence plus fréquemment, par la constitution de groupements permanents, des syndicats, destinés à défendre leurs intérêts. La loi de 1864 n'a pas créé d'autres droits, elle n'a en rien légiféré sur la grève et si celle-ci peut être une conséquence, une sanction de la coalition, il n'en découle pas pour les ouvriers le droit de ne pas observer leurs engagements sans s'exposer aux sanctions civiles que peut entraîner cette non-observation.

On ne peut se méprendre sur les intentions du législateur de 1864, car la loi est intitulée loi sur les coalitions et on lit dans l'exposé des motifs ces lignes caractéristiques qui montrent que la question qui nous préoccupe n'est pas nouvelle et que la confusion actuelle commençait déjà à se manifester : « Pour déconsidérer les coalitions, on affecte, en général, de les confondre avec les grèves, comme, pour les défendre, on s'obstine à les assimiler aux associations. La grève est sans doute un effet possible de la coalition, mais elle n'est pas la coalition. Se coaliser, c'est proprement, au sens exact, s'entendre, se consulter, prendre une décision en commun sur les conditions du travail. La grève peut suivre; c'est une sanction de la coalition; elle ne constitue pas la coalition elle-même ».

Donc la loi de 1864 a donné aux ouvriers le droit de coalition, elle leur a implicitement permis de donner par la grève une sanction à ce droit, mais elle n'a pas créé à leur profit un droit particulier, le droit de grève, dont les conséquences seraient que, par une déclaration de grève et par le fait de la cessation collective du travail, il leur serait permis de modifier à leur profit les règles essentielles du droit civil et d'échapper aux sanctions qu'aurait entraînées pour chacun d'eux isolément la cessation du travail en dehors des conditions convenues.

C'est donc une erreur absolue, à l'abri de ce sophisme qu'est le prétendu droit de grève, de rechercher quels peuvent être ses effets sur le contrat de travail; les effets d'un droit inexistant ne peuvent exister. Pour savoir ce que devient le contrat de travail en cas de grève, il suffit de se demander ce que deviennent les contrats individuels qui lient chaque ouvrier avec le patron.

A cette question, la Cour de cassation a répondu dans divers arrêts, notamment dans celui du 15 mai 1909 dont les attendus sont très nets.

« Attendu qu'aux termes de l'article 1780 du Code civil, complété par la loi du 27 décembre 1890, le louage des ouvriers fait sans détermination de durée peut toujours prendre fin par la volonté d'un seul des contractants, sauf à celui-ci en cas d'exercice abusif et préjudiciable de son droit de résiliation, d'être passible de dommages-intérêts envers l'autre partie ;

« Attendu que l'ouvrier qui se met en grève rend impossible, par son fait volontaire, la continuation de l'exécution du contrat de travail qui le liait à son patron ; que cet acte, s'il ne lui est pas interdit par la loi pénale, n'en constitue pas moins de sa part, quels que soient les mobiles auxquels il a obéi, une rupture caractérisée dudit contrat ; et que les conséquences juridiques d'un acte de cette nature ne sauraient être modifiées par la circonstance que son auteur aurait entendu se réserver la faculté de reprendre ultérieurement, à son gré, l'exécution de la convention mise par lui à néant. »

La grève, c'est la rupture du contrat de travail de la part des ouvriers, et cette rupture, toujours permise lorsque la durée du contrat n'a pas été fixée, ne les expose pas moins à une demande de dommages-intérêts si elle a eu lieu d'une façon abusive. Or, n'est-ce pas un abus certain, lorsque le contrat ou les usages prévoient un délai de prévenance, de rompre brusquement le contrat sans observer ce délai ?

Nous sommes bien loin du prétendu droit de grève tel que le comprennent les ouvriers, tel qu'ils le revendiquent et tiennent à le conserver, car ils ont souvent déclaré que la grève ne pouvait avoir de résultats que si elle éclatait soudainement; c'est même là le principal motif de leur opposition au projet de règlement amiable des conflits du travail, déposé en 1900 par M. Millerand, projet qui interdisait la grève si elle n'était précédée de tentatives de conciliation et d'un vote régulier, opposition qui s'est manifestée bien qu'aucune sanction ne fût attachée à cette interdiction.

Les ouvriers, il est vrai, ne s'embarrassent pas de rechercher dans le Code l'origine de leur prétendu droit; il existe pour eux parce que cette manière de faire est nécessaire, parce que cette tactique est indispensable au succès de leurs revendications, parce que le contrat de travail, contracté par eux dans des conditions d'infériorité qui vicient leur propre consentement, devrait, par suite, être suspendu devant la volonté du groupement, seul capable de traiter d'égal à égal avec le patron. Il n'est pas utile, je crois, d'insister sur l'incohérence de telles théories, la fin ne justifie pas les moyens; où nous conduirait l'application de tels principes dans tous les rapports sociaux?

Ce n'est pas sur de tels arguments que s'appuient les nombreux juristes qui ont discuté sur les effets de la grève avec le désir de justifier l'acte de grève et de lui donner le caractère d'un état particulier permettant aux grévistes d'échapper aux responsabilités certaines qu'ils peuvent encourir.

Sans aller jusqu'à nier le contrat de travail, on a cru pouvoir trouver dans le caractère particulier de ce contrat des raisons suffisantes pour ne pas soumettre son exécution à des règles aussi rigides que celles qui régissent les autres contrats. On a également invoqué que la commune intention des parties, tout au moins celle des ouvriers, était de donner au fait de grève le caractère d'une suspension du contrat plutôt que celui d'une rupture.

Discuter ces théories nous entraînerait trop loin ; nous nous bornerons à faire remarquer que, sans contester qu'il serait peut-être utile de se préoccuper plus que ne l'a fait le Code civil d'un contrat qui a pris une telle importance en raison du développement considérable de l'industrie, tant que cette législation spéciale n'aura pas été faite, on ne peut se dispenser d'appliquer les règles du droit existant. Ce n'est pas surtout une cause pour abandonner au profit de ceux qui désirent ne pas tenir leurs engagements un principe aussi fondamental que celui du respect des conventions.

En ce qui concerne la commune intention des intéressés de considérer le contrat comme simplement suspendu, il me semble que, peut-être pour le besoin de la cause que l'on défend, on a créé une équivoque entre les intentions et les désirs des grévistes aussi bien que des patrons. Certes, il n'est pas douteux que la plupart du temps le désir des premiers est de rentrer dans l'usine abandonnée, de continuer à offrir leur travail, il n'en est pas moins certain que leur intention a été, en cessant le travail, d'obtenir au moins des modifications à leur contrat ; or, refuser d'exécuter un contrat s'il n'est pas modifié, n'est-ce pas le rompre pour lui en substituer un autre ?

Si la confusion s'est produite, si cette erreur du droit de grève s'est implantée dans l'esprit des ouvriers et a gagné dans l'opinion publique, si cette autre erreur de la grève suspendant le contrat de travail a pu prendre assez de consistance pour trouver des défenseurs parmi des juristes autorisés, la responsabilité en incombe peut-être grandement aux patrons. Une loi non appliquée tombe en désuétude ; un droit que l'on abdique tend à disparaître et, par contre, une erreur que l'on semble accepter prétend ensuite s'imposer comme un véritable droit.

En ne protestant pas d'une manière effective contre la cessation brusque et abusive du travail, en n'usant pas, sauf de très rares exceptions, de leur droit à obtenir la réparation du préjudice que leur cause cet exercice abusif de la grève, les patrons ont donné l'impression qu'ils étaient désarmés, que la loi ne mettait aucun moyen de défense à leur disposition. Ils ont paru accepter cet état de choses, comme une conséquence du caractère collectif du conflit. L'objection qu'il n'est pas possible de mettre en cause tous les ouvriers d'une usine n'a pas de valeur et n'excuse pas cette abdication, car il suffit d'agir contre quelques-uns pour affirmer son droit. En ne le faisant pas et en engageant des pourparlers sans avoir bien précisé que l'ancien contrat de travail n'existait plus et que ceux-ci n'avaient d'autre but que d'en former, si possible, un nouveau, les patrons donnaient au moins l'impression que la grève pouvait n'avoir à leurs yeux qu'un caractère suspensif. S'ils avaient d'abord affirmé leur droit, on n'aurait pu interpréter comme on le fait les pourparlers très naturels entre un patron qui a besoin d'ouvriers pour faire fonctionner son établissement et ceux qu'il reprendrait de préférence à d'autres, puisqu'ils sont déjà au courant des conditions spéciales à son industrie.

Il peut paraître étonnant que, dans un rapport destiné à rechercher quels sont les moyens les plus propres à développer l'idée de la conciliation, nous reprochions aux patrons de s'être montrés trop conciliants en n'usant pas de leur droit ; il semble que nous soyons bien loin de notre sujet. Il nous paraît, au contraire, que cette discussion était absolument nécessaire si nous voulons rechercher les motifs du développement des grèves, car l'une des causes de cette progression et de l'échec relatif de la loi de 1892 doit être attribuée à cette mentalité particulière de la classe ouvrière et de ses dirigeants, à cette notion incomplète de ses droits et de ses devoirs.

Il nous paraît que, pour ramener l'opinion dans la direction vraie, il faut maintenir les principes du droit; et si les grèves sont une mauvaise chose, c'est faire un acte contraire aux intérêts généraux, à ceux des ouvriers eux-mêmes, que d'en favoriser le développement par un abandon des moyens que la loi elle-même offre pour les combattre. Quand cette résistance n'aurait pour effet que de restreindre le nombre de cessations brusques de travail en faisant réfléchir les ouvriers sur les responsabilités qui peuvent en résulter, de retarder ainsi de quelques jours la déclaration de grève et de permettre d'engager dans l'intervalle des pourparlers de conciliation, ce serait déjà un résultat. Le projet de loi de M. Millerand avait au moins cet avantage d'affirmer nettement, sans aucune sanction, il est vrai, que celle dont on peut user actuellement, que les ouvriers n'avaient pas le droit de se mettre en grève sans observer un délai de préavis.

Si nous nous reportons à l'examen des statistiques, il en résulte l'impression que les juges de paix sont loin d'avoir fait tout ce qu'il était possible pour développer l'intervention de la loi et que l'on peut leur reprocher de s'en être un peu trop désintéressés. Nous constatons, en effet, qu'il y a eu, pendant la période de 1895 à 1900, 10,362 grèves; les juges de paix ne sont intervenus que dans 1,088, soit 10,50 % des cas. Leur intervention la plus active en 1905 s'est élevée à 17,80 % pendant la même période, non compris l'année 1899, dont nous n'avons pu nous procurer les résultats. 768 grèves, soit

7,98 %, ont été solutionnées par l'intervention de diverses personnalités : préfets, sous-préfets, députés, maires, etc. 721, soit 7,45 %, par l'intermédiaire de syndicats ouvriers ou patronaux. Ainsi, tandis que les juges de paix n'interviennent que dans 10 % des grèves et pas toujours avec succès, d'autres interventions non prévues par la loi ont permis de mettre fin à 15 % des grèves. Ces derniers résultats montrent combien aurait été plus efficace l'action d'une organisation de conciliation bien appropriée au but à atteindre et dont l'intervention aurait été active.

De l'examen de ces mêmes statistiques, il ressort que c'est surtout du côté des patrons que l'application de la loi a rencontré le plus de difficultés ; il semble même qu'ils soient opposés à son intervention, car les recours de leur part sont très rares, ils n'atteignent pas 1 % et les documents publiés par l'Office du travail indiquent que très fréquemment ils refusent d'accepter la tentative de conciliation. Cette opposition n'est pas une opposition de principe ; il est assez facile d'en découvrir les motifs.

La plupart du temps, le patron est surpris par la déclaration de grève. Le travail a cessé avant qu'il ait même connaissance des griefs invoqués par les ouvriers ; il lui est donc absolument impossible d'user de la loi comme moyen préventif. Lorsque la grève est déclarée, interviennent d'autres considérations. Froissé dans son amour-propre, irrité peut-être par le préjudice que lui cause la grève, par les difficultés qu'il entrevoit, le patron est mal disposé pour se prêter à la conciliation. En la sollicitant, il craint de perdre de son autorité ; peut-être même craint-il, en faisant le premier pas, de faire apparaître aux yeux de ses ouvriers, plus grand qu'il n'est en réalité, l'embarras dans lequel il se trouve et d'augmenter leurs exigences.

Enfin, la procédure instituée par la loi n'est pas faite, il faut bien le reconnaître, pour lui donner toute confiance. S'il saisit le juge de paix du différend, quels seront les délégués que désigneront les grévistes? Nombreuses sont les grèves provoquées ou prolongées par des interventions étrangères au personnel de l'usine et les patrons estiment avec raison qu'ils s'entendent plus facilement avec leurs ouvriers. Rien dans la loi ne leur garantit que les délégués seront choisis parmi les ouvriers de l'usine. Bien que le juge de paix ne soit désigné que pour diriger les débats, son rôle ne peut être aussi effacé et, pour arriver à un résultat en présence de ces deux éléments opposés l'un à l'autre, il est nécessaire qu'il s'en trouve un troisième qui puisse s'interposer et faire œuvre de conciliateur. Le juge de paix, peu au courant de la vie industrielle, ne connaissant aucune des questions techniques qui peuvent entrer en jeu, est-il bien préparé pour remplir ce rôle de conciliateur?

Si la tentative de conciliation n'aboutit pas, le patron ne sera-t-il pas fatalement entraîné plus loin qu'il n'aurait voulu? La loi prévoit que, dans ce cas, le juge de paix invitera les parties à désigner des arbitres. Il est à craindre que les grévistes ne désignent ceux qui ont déjà, en quelque sorte, imposé la grève par leur intervention. Quant au patron, les arbitres qu'il désignera seront toujours moins au courant que lui-même des difficultés qui l'obligent à résister; il est certain d'être moins bien défendu au moment de l'arbitrage. Si les arbitres ne s'entendent pas, ils choisissent un tiers arbitre; à défaut d'entente sur ce point, celui-ci est nommé par le président du tribunal. Voilà donc, en fin de compte, le différend apprécié, sinon jugé puisque la sentence est sans sanction réelle, par un inconnu.

Il ne faut pas oublier que la sentence est rendue publique, que l'opinion publique est ainsi saisie. Le patron peut-il réellement s'en remettre à un tiers désigné en dehors de son intervention du soin de se prononcer le sur bien-fondé de sa résistance et de créer contre lui une présomption de mauvaise volonté ou tout au moins d'exigence injustifiée ?

Cet aboutissement de la loi à l'arbitrage est l'une des causes de son échec du côté patronal, car c'est surtout à propos de l'arbitrage que se manifeste l'opposition des patrons qui envisagent plus volontiers l'obligation de la tentative de conciliation. Ils estiment que beaucoup de grèves ont pour origine des malentendus qu'il serait facile de dissiper par des explications franchement données, tant que les questions d'amour-propre ne sont pas en jeu, ou de demandes inconsidérées de la part des ouvriers dont la discussion loyale pourrait également leur montrer le mal-fondé ou l'exagération.

Voici ce que nous écrivait à ce sujet l'ingénieur en chef d'un grand établissement industriel du Nord :

« La conciliation met en contact les patrons et les
« ouvriers. Chaque partie apprend ainsi les motifs qui
« guident l'attitude de l'autre ; elle peut les apprécier.
« Les malentendus se dissipent. L'une ou l'autre des
« parties finit par se laisser convaincre et par céder, ou
« bien l'on se met d'accord de plein gré pour une tran-
« saction. La conciliation a une valeur pacificatrice bien
« supérieure à l'arbitrage. Il est donc d'un grand intérêt
« d'en multiplier les tentatives, de les rendre obliga-
« toires en cas de grève déclarée, d'obliger, par une
« sanction à déterminer, les parties à se prêter à la
« constitution du comité de conciliation et à comparaître
« à cet effet devant le juge de paix.
« En résumé, nous sommes partisans de la comparu-

« tion obligatoire. Nous adhérons, sauf en un point, au
« projet de loi qu'avait élaboré, en 1906-1907, la section
« du Nord de l'Association nationale pour la protection
« légale des travailleurs. »

De ce projet, nous ne voudrions exclure que l'article
suivant auquel nous ne pouvons adhérer :

« Les parties pourront choisir leurs mandataires, soit
« parmi les intéressés, soit parmi les membres d'un syn-
« dicat de la profession.

« Nous estimons, en effet, que les mandataires doivent
« être choisis parmi les intéressés et que l'immixtion de
« tiers ne peut qu'être nuisible au succès de la tentative
« de conciliation. Par contre, nous approuvons la partie
« de ce projet relative à l'adjonction possible aux
« comités de conciliation, quand il en existe, de conseils
« permanents créés par l'initiative privée, conseils
« d'usine ou conseils de métier. »

Dans un rapport, présenté en 1906 à la Chambre de
commerce de Paris, sur le projet de loi de M. Millerand,
voici comment s'exprimait M. David Mennet :

« L'erreur capitale de la proposition de loi est de laisser de côté la conciliation et de croire que tous les différends entre patrons et ouvriers, quel qu'en soit l'objet,
peuvent être réglés par un arbitrage. Il en est assurément qui se termineraient aisément en conciliation et
sur lesquels même on accepterait la décision d'un
arbitre ; mais, lorsque le désaccord porte sur des intérêts
vitaux, d'où dépend le fonctionnement d'un établissement, il n'y a pas matière à exercer l'arbitrage. Comme
il est impossible de déterminer par une loi les cas où
l'arbitrage pourrait être admis et ceux qui ne sauraient
lui être soumis, comme les parties intéressées ont seules
qualité pour se prononcer à cet égard, il est nécessaire
que l'arbitrage reste facultatif, soit que l'on ne se trouve

pas tenu de se présenter devant des arbitres, soit au moins que l'on reste libre de se conformer ou non à leur sentence.

« Voulez-vous examiner quelques-unes des principales causes de grève? Vous verrez combien il est difficile, dans des cas en apparence similaires, de déterminer les différends que l'on peut abandonner à la décision des arbitres et ceux sur lesquels les intéressés ne sauraient accepter de compromis.

« Les discussions relatives aux salaires sont bien souvent l'objet d'une transaction, des tiers s'entremettent avec succès pour préparer un accord et il semble presque qu'on puisse généraliser l'intervention des arbitres en cette matière. Cependant, le chef d'entreprise est seul en état de mesurer la portée des sacrifices consentis, de connaître l'élasticité de ses prix de revient et de ses tarifs de vente, de juger à quel moment il doit s'arrêter de céder. Permettra-t-on à des arbitres moins éclairés ou plus indifférents de se substituer à l'industriel et de lui imposer des augmentations de salaires déclarées par lui trop onéreuses, au risque de compromettre la marche de l'établissement?

« Les questions de personnes, dans certaines circonstances, se prêtent à un arbitrage ; il s'y mêle souvent un entêtement d'amour-propre et l'intervention d'une personne désintéressée facilite les concessions réciproques. Pourtant, si le contremaître mis en cause est un loyal employé ou n'a agi que par ordre supérieur, si l'ouvrier, soutenu par ses camarades, doit profiter de l'impunité pour fomenter de nouveaux désordres, le patron ne peut pas abdiquer son autorité entre les mains des arbitres et soumettre tous ses actes à la revision d'une commission d'arbitrage. Il serait évidemment intolérable que tout renvoi ou tout embauchage donnât lieu à une récrimination des ouvriers et à une décision des arbitres. » Et, récemment interrogé sur la même question, il répondait ainsi :

« Je ne voudrais pas, cependant, que vous puissiez croire que je repousse tout système fondé sur la conciliation, soit directement, soit avec le concours de tierces personnes. Ce que je critique, c'est l'obligation de se soumettre à des sentences arbitrales alors que les conditions vitales d'une industrie sont en jeu. Mais je suis très favorable, et mes collègues de la Chambre de commerce également, aux tentatives de conciliation qui, évidemment, n'aboutiraient pas toujours, mais permettraient souvent, j'en ai la ferme conviction, de dissiper les malentendus par de franches explications et de résoudre amiablement les différends par de mutuelles concessions. »

« La conclusion de ces explications est d'abord que la loi de 1892 devrait être modifiée de manière à faciliter la réunion des comités de conciliation avant la déclaration de grève. Il faudrait, en outre, appliquer littéralement l'article 10 de la loi, d'après lequel le juge de paix, en cas de grève, intervient d'office. Enfin, il y aurait à rechercher si le juge de paix, dont l'autorité est souvent discutée, est bien qualifié pour remplir cette délicate fonction. Ce point est fort important, car du choix du médiateur chargé de prendre l'initiative de la conciliation et surtout de présider le comité dépend pour beaucoup le succès des négociations. »

Mêmes critiques et même opinion sur la conciliation, dans le rapport présenté à la Chambre de commerce de Lyon par M. Isaac.

Toutes ces observations sont fort justes et elles expliquent pourquoi le patron a si rarement recours à la loi.

Puisque nous imputons en grande partie à l'arbitrage

l'échec de la loi, il n'est peut-être pas inutile d'examiner ce que peut être l'arbitrage et si ce n'est pas une véritable confusion que, dans une loi appelée à jouer aussi bien après la cessation du travail qu'avant et dans tous les conflits, quelle qu'en soit la nature, on a pu être amené à parler d'arbitrage.

Si nous nous reportons aux statistiques des grèves et à leurs causes, nous constatons que, depuis 10 ans, 57 pour cent des grèves ont eu pour cause des demandes d'augmentation de salaires ; 15 pour cent, des demandes de diminution d'heures de travail — sans changement de salaires — ce qui correspond, en fait, à une augmentation ; 12 pour cent des demandes de réintégration d'ouvriers ; 11 pour cent, des demandes de renvoi d'ouvriers ou contremaîtres. Donc, dans 95 pour cent des cas, la grève porte, au moins partiellement, sur des questions dont la solution ne peut être réservée, suivant les patrons, qu'à leur appréciation.

Or, l'arbitrage est un jugement sur un différend ayant pour origine l'interprétation d'un contrat. Quand la grève porte, comme cela arrive quelquefois, sur l'interprétation des conditions convenues pour le paiement du travail, sur l'interprétation des règlements d'ateliers, sur un abus d'autorité du patron ou de ses préposés pour le renvoi d'un ouvrier, il peut même y avoir matière à arbitrage. Nous comprenons cette concession faite par le patron, dans des cas semblables, de ne pas user de son droit de considérer le contrat comme rompu par le fait de la cessation du travail et de s'en remettre à un arbitre du soin de décider sur cette réclamation touchant à un point accessoire du contrat, car, dans ce cas, c'est peut-être à lui-même qu'il y a lieu d'imputer la faute initiale, créatrice du litige.

Mais peut-il y avoir lieu à arbitrage lorsque le litige

porte sur l'essence même du contrat, lorsqu'il ne s'agit plus de l'interpréter, mais de le modifier ; quand on se place après la déclaration de grève et qu'il s'agit alors non plus même de modifier le contrat, mais d'en conclure un nouveau ? Le rôle d'un arbitre est d'interpréter les volontés des parties intéressées. Il n'a jamais été et ne pourra jamais être de substituer sa volonté à la leur. Ceci n'est plus de l'arbitrage, c'est de la tyrannie et de la tyrannie qui ne peut même s'abriter derrière cette autre formule tyrannique : le but justifie les moyens, car elle ne peut donner un résultat.

On n'obligera jamais, quelles que soient les sanctions, un ouvrier à donner son travail dans des conditions qu'il juge inacceptables, pas plus on n'obligera un patron à faire fonctionner son usine dans des conditions qui le mènent tout droit à la ruine.

Mais on objectera que les faits démentent la théorie, que l'arbitrage a souvent fonctionné en matière de conflit du travail, qu'il a permis de mettre fin à des grèves, à celles précisément qui intéressaient le plus grand nombre de travailleurs. A cela il est facile de répondre.

Il n'est pas contestable que l'intervention d'un tiers peut être utile, même pour la formation d'un contrat, lorsqu'il s'agit de trouver un terrain d'entente commune et nécessaire entre des intérêts opposés en principe. Si, après avoir débattu devant un tiers les conditions essentielles du contrat, lorsqu'une divergence subsiste sur quelques points, les intéressés ont assez de confiance dans le caractère et les capacités de celui-ci pour lui demander, d'un commun accord, de se prononcer en toute indépendance et de dire de quel côté est la vérité, cela peut être une solution excellente ; mais, d'une solution facultative, appelée à jouer à titre exceptionnel, non pas même du consentement des parties, mais sur l'expression formelle de leur désir, vouloir faire une disposition légale et lui donner par cela même l'apparence d'une solution à laquelle on est moralement obligé d'avoir recours et dont le rejet doit être exceptionnel, il y a loin.

De tout ce que nous venons de dire, il semble résulter que nous n'attendons aucun résultat d'une intervention légale quelconque. Il ne faudrait pas en tirer une conclusion aussi absolue ; si nous avons la conviction que pour combattre la progression de la grève il faut beaucoup plus attendre du progrès des mœurs et des idées, il ne nous en semble pas moins intéressant de faire intervenir l'action légale pour développer l'idée de la conciliation et, à cet égard, une loi nous paraît utile. Mais, pour qu'elle soit efficace, il faut qu'elle soit limitée dans la mesure nécessaire afin de ne pas heurter les opinions.

La conciliation est reconnue par tous comme une chose utile. Il n'y a pas d'opposition systématique à l'obligation de la tentative de conciliation, par contre, l'idée de l'arbitrage rencontre de nombreux adversaires. Nous pensons qu'il faudrait séparer les deux questions, faire d'abord une loi sur la conciliation et rendre obligatoire la comparution devant le conseil de conciliation.

C'est à cette solution que s'est ralliée, en 1907, la section du Nord de votre Association. Inscrivant dans la loi le principe de l'obligation, elle avait jugé nécessaire de lui donner une sanction effective. Elle frappait d'une amende de 5 à 100 francs toute personne qui refuserait de comparaître devant le juge de paix à qui elle laissait le soin d'assurer le fonctionnement de la loi.

On a fait à ce système l'objection que le juge de paix ne pourrait déterminer avec certitude sur qui il devait faire retomber la responsabilité de la non-comparution, qu'il convoquerait au hasard et punirait de même. Cette diffi-culté peut se présenter, mais il n'y a pas là une objection de principe qui puisse faire rejeter le système si l'on croit pouvoir en obtenir un bon résultat.

Du côté du patron, il n'y a pas de difficultés, on l'a reconnu. Du côté des ouvriers, il n'y en aura pas la plupart du temps.

Dans toute grève, il y a des dirigeants, il y a des ouvriers qui prennent la tête du mouvement, qui provo-quent des réunions, qui constituent un comité de grève. Ces dirigeants sont connus. Ils ont d'eux-mêmes, en quelque sorte, assumé la responsabilité du mouvement. C'est eux que l'on convoquera et c'est sur eux que retom-bera la sanction s'ils ne comparaissent pas. Si, dans quelques cas, le juge de paix ne sait réellement qui con-voquer, la loi ne jouera pas, cela est vrai, mais il en est de même des sanctions attachées à l'observation de toutes les lois; de ce qu'elles ne peuvent pas être appli-quées toutes les fois qu'elles devraient l'être, elles n'en sont pas moins nécessaires et utiles. On peut, du reste, remarquer que, la question sanction mise à part, le juge de paix se trouve actuellement en présence de la même difficulté pour savoir quelles sont les personnes qu'il doit convoquer lorsqu'il intervient d'office après décla-ration de grève. Cette difficulté n'a pas arrêté le législa-teur.

J'ai rencontré dans divers documents l'opinion que le juge de paix n'avait pas la compétence voulue pour inter-venir utilement dans les discussions qui se déroulaient devant lui et qu'il n'avait pas assez d'autorité pour s'im-poser comme conciliateur.

Pour qu'une loi sur la conciliation donne un résultat pratique, il paraît nécessaire de réaliser ces deux condi-tions : compétence et autorité de celui qui procède à la tentative de conciliation ; on a proposé, à cet effet, de remplacer le juge de paix par un juge d'un tribunal civil. Occupant un poste plus élevé dans la hiérarchie judiciaire, le juge au tribunal civil aurait certainement plus d'autorité, mais on peut toujours lui faire le même reproche au point de vue de la compétence technique, et si celle-ci n'est pas indispensable lorsqu'il s'agit de prononcer un jugement sur un litige et que le juge peut, au préalable, se procurer auprès d'hommes compétents tous les renseignements qu'il juge utiles, il en est tout autrement lorsqu'il doit directement intervenir pour rechercher un terrain d'entente entre les parties.

D'autre part, s'il est facile de recourir au juge du tribunal, lorsque le différend se produit dans la ville même où siège le tribunal, on ne peut guère lui demander de se déplacer lorsque celui-ci se produit dans une localité plus ou moins éloignée, car, pour arriver à un résultat, il faudra souvent plusieurs réunions.

Ce sont ces considérations qui nous engagent à maintenir le juge de paix comme organe de mise en action de la loi ; mais, pour obvier aux inconvénients signalés de manque de compétence technique et peut-être d'autorité, nous voudrions qu'il fût aidé dans sa tâche de conciliateur par des assesseurs qui lui apporteraient cette compétence.

Nous pensons que le système suivant pourrait être adopté : dans chaque arrondissement, il serait constitué un comité de conciliation composé, suivant l'importance et la diversité des industries, de dix à vingt membres, de telle sorte qu'au moins les principales industries fussent représentées. Les membres du comité seraient élus par moitiés, d'une part, par les chambres de commerce et les syndicats patronaux, d'autre part, par les organisations ouvrières. Ces personnes ne seraient pas nécessairement des industriels et des ouvriers, il serait même préférable que quelques-unes, au moins, fussent choisies parmi des personnalités occupant déjà des situations en vue et jouissant, par cela même, d'une autorité reconnue, parmi d'anciens industriels ou parmi les conseillers prud'hommes. En convoquant les parties pour la tentative de conciliation, le juge de paix choisirait, dans ce comité, pour l'assister, deux ou quatre personnes qui lui paraîtraient plus particulièrement désignées, suivant la nature du conflit ou l'industrie mise en cause.

Lorsque la tentative de conciliation se transformerait en arbitrage par la volonté des intéressés, on trouverait dans ce comité des arbitres tout indiqués.

Nous sommes persuadés que la loi ainsi limitée quant à son objet, modifiée quant à son mode de fonctionnement, ne soulèverait plus les mêmes préventions et que l'on pourrait en attendre de bons résultats.

Avant de terminer ce rapport, et puisque notre but est, avant tout, d'aplanir les difficultés, de rechercher les moyens d'empêcher les grèves de se produire, il me semble qu'il reste à examiner un dernier point que nous avons laissé de côté, bien qu'il ait, à notre avis, une grande importance.

L'exercice de l'industrie revêtait, à l'origine, un caractère familial. Les établissements occupant une grand nombre d'ouvriers étaient l'exception. Le patron vivait au milieu de ses ouvriers, partageant souvent leurs travaux ; il avait plus d'occasions de s'intéresser à eux et de le leur témoigner. Exerçant directement son autorité, il en usait avec plus de bienveillance, donnait prise à moins de réclamations et, par cela même qu'il était plus accessible, les réclamations lui arrivaient plus aisément.

Il n'en est plus de même aujourd'hui, l'industrie tend à

se concentrer dans de vastes usines occupant des cen-
taines d'ouvriers. Le chef d'établissement, absorbé par la
direction de cette grande entreprise, absorbée par la
partie commerciale dont le rôle est souvent prépon-
dérant, ne paraît que rarement dans ses ateliers ; l'ouvrier ne l'approche pas, il ne peut l'apprécier, il est porté
à ne voir en lui que le maître qui commande et au bon
plaisir de qui il doit se plier. Patron et ouvriers ont des
intérêts communs, car, si le patron a besoin de ses
ouvriers, le bien-être de ceux-ci dépend de la prospérité
de leur industrie ; ce sont donc des collaborateurs dont
l'entente est nécessaire et ce sont en même temps des
collaborateurs qui s'ignorent. Quelle entente durable
peut s'établir entre eux ?

Il me semble que l'on aurait fait un grand pas vers
l'apaisement, si l'on pouvait modifier cet état de choses,
rapprocher patrons et ouvriers, les mettre directement
en contact, sans intermédiaire entre eux. Le patron a des
devoirs et des responsabilités. S'il est contraint, par les
nécessités de l'organisation industrielle, de déléguer une
part de son autorité à des directeurs ou des contremaîtres, il ne doit pas laisser croire qu'il leur a, en même
temps, délégué l'accomplissement de ses devoirs.

Il y avait dans le projet de M. Millerand, auquel nous
avons déjà fait allusion, une excellente idée, c'était celle de
l'institution de délégués ouvriers dont le rôle était de
servir d'intermédiaire, de rétablir le contact perdu entre
ces deux éléments. Comme les difficultés naissent souvent
entre les ouvriers et ceux qui ont la direction effective
de leur travail, par l'institution de ces conseils d'usines,
le patron auquel les ouvriers pourraient directement
s'adresser en deviendrait le véritable arbitre.

Il existe, dans notre région du Nord, divers conseils
d'usines organisés sur des bases analogues. Leur rôle

n'est pas limité à l'examen des réclamations individuelles, les questions de tarifs et de prix de revient leur sont souvent soumises. Ces conseils fonctionnent dans des industries très diverses. A la suite d'une grève qui a eu des conséquences graves et qui a même été accompagnée de violences regrettables, quelque chose d'analogue a été constitué sous le nom de commission mixte dans laquelle se rencontrent patrons et ouvriers pour discuter les questions de tarifs. Ces organisations ont donné d'excellents résultats.

Des institutions analogues fonctionnent à l'étranger, en Angleterre, notamment, sous le nom de chambres de travail, en Belgique, en Autriche.

L'expérience ayant été heureuse, il semble que cette organisation aurait dû être facilement acceptée. Elle n'en a pas moins soulevé les plus vives critiques.

Dans le rapport de M. Isaac, que nous avons déjà cité, nous lisons ces lignes :

« On comprend d'autant moins l'insistance que l'on met à faire accepter aux patrons les délégués permanents que l'école socialiste, qui inspire cette législation, soutient en théorie la nécessité de la lutte des classes et la met en pratique le plus souvent possible. Dès lors qu'on invite les ouvriers à organiser la lutte permanente et irréconciliable contre les patrons, comment ceux-ci seraient-ils assez naïfs pour accepter la surveillance continue et l'immixtion de ceux qui ne pensent qu'à les combattre ? Les conseils d'usines dont nous parlions tout à l'heure sont l'œuvre de disciples de Le Play, de ceux qui se groupent dans les unions de la paix sociale. N'y a-t-il pas quelque ironie à les imiter, quand on ne croit au progrès que par la lutte sociale, pour ne pas dire la guerre ?

« Nous repousserons donc, Messieurs, la création des

délégués permanents obligatoires. Que ceux qui sont assez
sûrs de l'esprit conciliant de leurs ouvriers en fassent
l'essai, s'ils le veulent, mais qu'à aucun prix cette obligation ne soit insérée dans nos lois.

« Il se peut fort bien que, dans certains milieux, cette
organisation ait sa raison d'être et donne d'excellents
résultats. Mais l'intervention de la loi est inutile. Nous
ne craignons pas de le dire, on abuse de la législation, et
ainsi on nuit à l'autorité des lois. Les passions politiques
les inspirent et les laissent ensuite dans l'oubli. Elles
existent et on ne les applique pas, telle en son article 10
la loi du 27 décembre 1892.

« C'est que la loi ne devrait exister que pour donner aux
citoyens certaines garanties primordiales qui sont indis-
pensables pour consolider les bases de la société. Que si
on en fait un instrument de réglementation touchant à
tout, s'immisçant à tout propos dans les rapports libres
des citoyens libres, prévoyant tous les cas et applicable à
toutes les particularités, on n'aboutit qu'à la confusion,
au désordre et à la tyrannie. »

Nous comprenons, pour notre part, les critiques et l'opposition qui se sont manifestées. Il n'est pas douteux que,
dans l'esprit de l'auteur du projet, cette organisation avait
le but d'apaisement que nous pensons, pour notre part,
utile à rechercher ; mais les intentions ne commandent pas
les résultats et d'une organisation destinée à ramener la
paix, on peut tirer une cause nouvelle pour ranimer la
discorde. Tout autre peut être le résultat donné par une
organisation excellente en elle-même, si elle est faite de
bonne volonté, si elle apparaît comme une concession
voulue à une idée de justice et d'équité, ou si au contraire
elle apparaît comme une mesure imposée pour vaincre
une résistance injustifiée. L'intervention de la loi n'est
pas toujours opportune! Mais, si nous nous rallions vo

lontiers sur ce point à l'opinion exprimée par le rapporteur de la Chambre de commerce de Lyon, nous ajouterons qu'il ne suffit pas de s'élever contre l'intervention de la loi lorsqu'elle essaie de combattre un mal social et d'y apporter un remède.

Nous dirons aux patrons : les grèves vous atteignent dans vos intérêts, c'est une raison pour rechercher tous les moyens d'en restreindre les effets et le développement, mais la question est plus haute. Votre situation sociale, votre éducation supérieure, votre instruction, votre fortune même, l'autorité nécessaire que vous réclamez à juste titre, vous imposent des devoirs ; suivant la belle parole si souvent rappelée d'Engel Dolfus, vous devez à vos ouvriers autre chose que le salaire. La grève laisse après elle un cortège de misères et de souffrances devant lequel vous n'avez pas le droit de rester indifférents. Vous aviez dans la loi de 1892 un moyen d'atténuer ces misères, vous ne vous en êtes pas servi. Malgré ses imperfections, malgré la méfiance qu'elle pouvait vous inspirer, votre devoir était peut-être d'essayer au moins d'en tirer quelque profit. Il y a mieux à faire au point de vue de la conciliation et de l'apaisement, faites-le, alors seulement vous aurez le droit de vous élever contre l'intervention du législateur.

VŒUX

PROPOSÉS PAR M. ARQUEMBOURG, RAPPORTEUR

L'Association pour la Protection légale des Travailleurs émet le vœu que la loi du 27 décembre 1892 soit modifiée de telle sorte :

1° Que l'objet de la loi soit limité à la conciliation ;

2° Qu'il soit constitué dans chaque arrondissement un comité de conciliation de 10 à 20 membres représentant les principales industries de la région et élus moitié par les organisations patronales, moitié par les organisations ouvrières ;

3° Que la tentative de conciliation soit rendue obligatoire devant le juge chargé de la mise en action de la loi, assisté de deux ou quatre membres choisis par lui dans le comité de conciliation ;

4° Qu'une sanction pénale soit appliquée à ceux qui, régulièrement convoqués en conciliation, ne répondraient pas à cette convocation, ou qui, y ayant répondu, mais n'acceptant pas de se prêter à un essai de conciliation, refuseraient d'en indiquer les motifs ;

5° Que l'arbitrage fasse l'objet d'une législation spéciale qui ne puisse être obligatoirement imposée que dans le cas où il s'agirait de trancher un litige portant sur l'interprétation d'un contrat en cours et que sa seule sanction soit dans ce cas la publicité donnée à la sentence tant que les organisations ouvrières ne seront pas en mesure d'assumer une responsabilité effective ;

6° Que des instructions soient données aux juges de paix pour qu'ils provoquent la tentative de conciliation chaque fois qu'ils auront été informés de l'existence d'une grève.

Assemblée générale du 25 mars 1911.

Présidence de M. MILLERAND

M. le Président. — La séance est ouverte. Je donne la parole à M. Aftalion, troisième et dernier rapporteur.

RAPPORT DE M. AFTALION

Mesdames et Messieurs, je n'aurai pas besoin dans ce rapport d'envisager en détail tous les aspects du sujet que j'ai à traiter. D'une part, les deux très intéressants rapports que vous avez déjà entendus me permettront de passer très vite sur certains points. D'autre part, j'ai déjà eu l'occasion de vous exposer longuement, dans une séance ancienne, dans la séance du 30 mai 1907, la façon dont notre section du Nord a pensé que pouvait être résolu le problème de la conciliation dans les conflits collectifs et de commenter les vœux qu'elle avait émis à cet effet. Je vous prierai de vous reporter à la brochure qui a été alors publiée. Il me suffira donc aujourd'hui de vous rappeler les grandes lignes de mon rapport de 1907, d'en appuyer les conclusions auxquelles je suis resté fidèle, d'insister surtout sur les points où ces conclusions s'écartent de celles auxquelles ont abouti les précédents rapporteurs.

C'est dans la *conciliation*, dans la mise en contact des parties que, dans notre section du Nord, nous avons cherché les moyens pacifiques de solutionner les conflits entre employeurs et ouvriers. En principe, et sauf une exception sur laquelle je reviendrai, nous n'avons pas eu recours à l'*arbitrage*. On fait, en effet, à l'arbitrage, des objections multiples et M. Arquembourg vous a dit quelles étaient les objections du côté patronal. Ces objections ne me paraissent pas toujours fondées. Elles montrent cependant qu'actuellement au moins l'esprit public n'est pas prêt, en France, à accepter l'arbitrage. Et c'est pourquoi nous nous en sommes tenus en principe à la conciliation.

Pour faciliter la conciliation, nous demandons au Parlement deux mesures ou séries de mesures que je vais examiner successivement.

I. — LA TENTATIVE DE CONCILIATION OBLIGATOIRE

La première, la tentative de conciliation obligatoire ne me retiendra pas longtemps. Elle vous a été déjà proposée par les précédents rapporteurs. Elle a été acceptée par des groupements d'ouvriers, par des groupements d'employeurs, par l'ensemble de l'opinion publique. C'est une réforme plus que mûre.

La difficulté qui se posait était seulement de savoir quelles personnes, surtout du côté ouvrier, devaient être obligées d'assister à la tentative de conciliation et pouvaient être rendues responsables de l'inexécution de cette obligation, frappées même de certaines pénalités. Les diverses propositions de loi déposées sur la question ne nous paraissaient pas satisfaisantes parce qu'elles s'efforçaient de déterminer *au préalable* les responsabilités et qu'elles tombaient par là dans l'arbitraire ou l'injustice. Les dirigeants de syndicats professionnels qu'on indiquait par exemple sont souvent, en fait, étrangers à la grève. Les membres du comité de grève ne sont pas toujours connus et parfois changent à chaque séance. Il nous a paru plus simple de laisser dans chaque espèce le juge de paix libre de convoquer les personnes dont la comparution lui paraît utile pour hâter la solution du conflit. Ces personnes seules pourront être frappées d'une pénalité en cas de non-comparution sans excuse valable, de la même manière qu'en matière civile ou en matière criminelle des mesures sont prises contre les témoins qui refusent de comparaître. Nous organisions ainsi la *comparution obligatoire* à la tentative de conciliation plutôt que la *tentative de conciliation obligatoire* devant le juge de paix.

Dans la séance du 30 mai 1907, M. Fagnot avait présenté certaines objections contre ce système. M. Arquembourg y a répondu dans notre dernière séance. Et M. Fagnot lui-même s'est rallié à notre projet, puisque c'est notre système qu'il adopte dans son premier vœu. Je n'insiste donc pas davantage.

Cependant, il me semble utile que nous ne nous en tenions pas au texte un peu bref que M. Fagnot vous présente sur ce point. Quelques précisions et additions pourraient y être ajoutées. En particulier, il faudrait faciliter l'intervention du juge de paix *avant* la déclaration de grève, pour prévenir le conflit. Et il faudrait aussi faciliter son intervention *immédiate* d'office *après* la grève par une disposition qui oblige l'employeur à l'avertir de toute grève déclarée. C'est pourquoi, reprenant les quatre articles principaux des vœux adoptés par notre section du Nord, je les soumets aujourd'hui à votre discussion, sans qu'il soit besoin, je pense, d'y ajouter un plus long commentaire :

1° Le juge de paix, lorsqu'il sera informé par l'une des parties dans les formes prévues à l'article 2 de la loi de 1892, de l'imminence d'une cessation collective de travail, et qu'il sera requis d'intervenir par cette partie, devra pren-

voquer une tentative de conciliation. Il ordonnera dans ce but la comparution des parties ou de leurs mandataires qui seront tenus de se rendre à la convocation ;

2° Le juge de paix devra toujours provoquer une tentative de conciliation après la cessation collective du travail. Il ordonnera dans ce but la comparution des parties ou de leurs mandataires qui seront tenus de se rendre à la convocation ;

3° Avis de toute cessation de travail devra être donné au juge de paix dans les vingt-quatre heures par l'employeur sous peine d'une amende de 1 à 5 francs ;

4° Toute personne qui refusera de comparaître devant le juge de paix sera passible d'une amende de 5 à 100 fr. Le juge ordonnera aussi l'affichage, aux frais de cette personne, du jugement de condamnation ou l'insertion dans les journaux.

II. — LES CONSEILS PROFESSIONNELS
DE CONCILIATION

La tentative de conciliation ou la comparution obligatoire à la tentative de conciliation est la seule mesure législative qui, présentement, me paraisse susceptible d'être d'une application générale, qui convienne à toutes les régions, toutes les professions, toutes les entreprises, à l'agriculture, au commerce, aussi bien qu'à l'industrie. C'est aussi la mesure la plus facile à adopter comme addition à la loi du 27 décembre 1892 et c'est celle dont l'exécution est la plus aisée.

Mais il faut bien reconnaître que, si elle constitue une mesure certainement très utile, elle n'est cependant pas un instrument de pacification sociale d'une très haute portée. Ce sont d'autres organismes qui, à l'étranger, en Angleterre en particulier, ont donné des résultats si saisissants. Ce sont les conseils permanents de conciliation qu'il faudrait voir s'implanter en France. Au lieu d'un contact temporaire des parties à certains moments, aux moments de grève déclarée ou imminente, c'est un contact permanent, ce sont des colloques fréquents entre représentants patronaux et ouvriers qu'il faudrait assurer par le moyen des conseils de conciliation.

Or je regrette que, sauf une exception en ce qui concerne les mines, MM. Fagnot et Arquembourg s'en soient tenus à la tentative de conciliation obligatoire et ne nous fassent pas de proposition relative aux conseils de conciliation.

Pourtant, dans son quatrième vœu, M. Fagnot nous parle longuement d'un conseil permanent de conciliation et M. Arquembourg aussi nous propose un conseil analogue par arrondissement. Mais il ne faut pas que l'identité des termes nous fasse illusion. En cette matière comme en d'autres l'ambiguïté des expressions peut être la source de confusions regrettables. Et il faut bien nous entendre sur le sens et la portée des organisations proposées.

Il faut très nettement distinguer ce que demande M. Fagnot, ce que j'appellerai, si vous le voulez, le *conseil de conciliation interprofessionnel et médiateur*, et le *conseil de conciliation professionnel*, conforme au type anglais, auquel moi-même je songe.

Avec le système de M. Fagnot, il s'agit, dans certains centres industriels, de créer un organisme dont les membres seraient les représentants des industries les plus diverses, métallurgie, filature de coton, de laine, de soie, de lin, tissage, imprimerie, verrerie, industries du bâtiment, des vêtements et bien d'autres encore. L'organisation serait aussi composite qu'une chambre de commerce ou que le corps des conseillers prud'hommes.

Or je fais à cette institution les objections suivantes :

1° Composé comme il l'est, le conseil de conciliation de M. Fagnot ne peut faire œuvre que de *médiateur*. Il intervient comme médiateur dans les contestations d'autrui. Il s'interpose entre les parties pour s'efforcer de les mettre d'accord. Il ne comprend pas lui-même les intéressés. Il n'est pas la réunion des parties pour régler elles-mêmes leurs propres différends. Dans les séances de conciliation se trouveront assemblées deux sortes de personnes : d'une part, les mandataires des parties elles-mêmes qu'on s'efforce de concilier; d'autre part, le magistrat et les membres du conseil de conciliation, personnes étrangères au conflit et qui s'efforcent de pousser les premières à la conciliation. C'est pourquoi je dis que le conseil fait œuvre de médiation, non pas de conciliation. Il agit exactement comme le juge de paix dans la loi de 1892.

Or, en tant que médiateur, il m'apparaît un organe plutôt lourd et encombrant, bien inférieur au juge de paix ou à toute autre personnalité unique. Lorsqu'il s'agit de convoquer des tiers, de les rassembler, de les mettre rapidement en contact les uns avec les autres, une seule individualité est bien préférable au grand nombre de personnes que prévoit M. Fagnot. Ne suffit-il pas que le magistrat mande les intéressés entre lesquels la discussion doit s'ouvrir et pourquoi l'obliger à s'adjoindre une demi-douzaine de personnages étrangers au conflit?

2° S'il est cependant exact que la médiation puisse avoir de l'utilité, il me semble que cette médiation peut provenir d'organismes qui existent déjà dans notre législation. Un décret de notre président d'abord, une loi ensuite ont institué des conseils consultatifs du travail.

Les conseils de M. Fagnot ne sont pas autre chose que les conseils du travail sous un de leurs aspects. Il me paraît inutile de demander au Parlement de voter pour la seconde fois une loi qu'il a déjà votée une première fois. Sans doute les conseils du travail n'ont pas encore fonctionné. Mais il est des lois qui ne peuvent pas entrer en application aussitôt après leur promulgation. J'ai le ferme espoir que nous verrons bientôt créés dans certaines régions ces conseils du travail. Je suis persuadé que M. le Directeur du Travail pense comme moi. Peut-être même pourra-t-il nous dire si nous ne sommes pas à la veille de voir cet espoir réalisé. J'ajoute que les conseils du travail tels qu'ils ont été prévus par la loi présentent une supériorité sur les conseils de M. Fagnot, c'est qu'ils peuvent être très spécialisés. On peut les constituer relatifs à une seule branche de la production, à la filature de lin seule ou au tissage de coton seul, par exemple. Ils se rapprochent alors beaucoup des vrais conseils de conciliation. Ils en diffèrent encore en ce qu'ils ont des tâches diverses au lieu de constituer uniquement la réunion des parties en vue de régler leurs différends.

Le conseil de conciliation auquel vont mes préférences, le conseil strictement professionnel est tout autre chose. Il comprend les parties en cause elles-mêmes, les mandataires en nombre égal des représentants des ouvriers et des employeurs d'une seule et même industrie. Il institue la mise en contact permanente de ces parties pour l'apaisement de leurs propres différends. Il ne s'ingère pas dans les contestations d'autrui. Il se compose des intéressés eux-mêmes. Ce sont les représentants des patrons et des ouvriers de telle industrie particulière, et de celle-là seule, de telle branche de l'industrie métallurgique, des charbonnages de telle région, qui se réunissent pour examiner en commun, leurs propres affaires, les questions litigieuses qui se posent entre eux et s'efforcer d'arriver à un accord. Ils n'ont pas d'étrangers, de tiers à convoquer, à concilier. Ce sont eux-mêmes qui concluent des arrangements qui ne concernent qu'eux-mêmes, les modifient et les renouvellent. Voilà ce que sont les conseils de conciliation, ou, comme on a dit souvent en France au sujet des typographes ou dans l'industrie textile, les *commissions mixtes*.

Or, quels sont les organismes qui ont obtenu en Angleterre, dans un grand nombre d'industries, et principalement dans la métallurgie et les charbonnages, des résultats si éclatants ? Ce ne sont pas des institutions de médiation semblables à celles que nous proposent les précédents rapporteurs. Ce sont ce que j'ai appelé les conseils professionnels de conciliation.

M. Fagnot, qui partage ma très grande sympathie pour ces conseils, vous a parlé de l'œuvre remarquable accomplie par eux. Permettez-moi d'y revenir brièvement. Cette œuvre se révèle toute entière dans le contraste de la variation du nombre des grèves en Angleterre et sur le continent européen. Je vous prie de vous reporter à cet égard aux graphiques que M. Petitcollot avait dressés pour notre section du Nord et que vous trouverez dans notre brochure. Ils montrent nettement le grand accroissement des grèves en Allemagne et en France coïncidant avec leur diminution considérable en Angleterre.

Sans doute sur le continent européen aussi on observe parfois des diminutions dans le nombre de grèves. Mais c'est que, pour les grèves comme pour une foule d'autres phénomènes, s'exerce l'influence des cycles périodiques, de cette alternance d'années de prospérité et d'années de crise ou de dépression que traverse rythmiquement l'industrie. Comme mon collègue M. Rist l'a montré, le nombre de grèves croît sur le continent européen dans les périodes de prospérité et décroît dans les périodes de dépression. Je ne pense pas cependant qu'il y ait là une nécessité absolue. Il doit y avoir à cet égard trois phases sans doute dans l'histoire de l'organisation ouvrière. Dans une première phase, la phase du passé, la phase de la complète inorganisation de la classe ouvrière, les travailleurs laissent passer les périodes de prospérité sans augmenter leurs réclamations et leurs grèves. Dans une troisième phase qui est celle de l'avenir, dans la phase d'une excellente organisation patronale et ouvrière, les revendications ouvrières pourront croître dans la prospérité sans qu'augmente le nombre de grèves, car les travailleurs peuvent obtenir satisfaction sans grève. Et c'est déjà pour partie ce qui a lieu en Angleterre. Mais entre ces deux phases il y a ce qui constitue la phase actuelle sur le continent européen, la phase de transition, où en effet le nombre des grèves augmente dans la prospérité et diminue dans la dépression : et cela parce que l'organisation ouvrière est déjà assez avancée pour que les travailleurs s'efforcent de bénéficier des années de prospérité, mais qu'elle n'est pas encore suffisamment perfectionnée, ni l'esprit de conciliation des deux côtés suffisamment fort pour que ces améliorations des années de prospérité puissent être obtenues sans grèves.

Il y ainsi des fluctuations rythmiques dans la courbe des grèves. Mais, pour les grèves comme pour un grand nombre d'autres phénomènes, à côté de ces fluctuations périodiques, il y a, quand on examine les cycles périodiques successifs, des tendances générales, des mouvements d'ensemble. Il y a les mouvements périodiques et les mouvements généraux, les mouvements de courte période et les mouvements de longue période.

Pour dégager ces mouvements de longue période, il faut donc faire abstraction des petites fluctuations, des fluctuations périodiques. Pour cela nous pouvons, par exemple, dans chaque cycle périodique prendre l'année du nombre de grèves *maximum* qui coïncide d'ordinaire avec l'année de la plus haute prospérité et comparer ces années maxima entre elles. Or, cette comparaison révèle très nettement sur le continent européen un accroissement des grèves depuis une vingtaine d'années.

Années du nombre MAXIMUM des grèves (1)

FRANCE		ALLEMAGNE		AUTRICHE		BELGIQUE		ITALIE	
								1885	154
1890	313							1891	164
1900	902	1900	1.468	1899	316	1900	146	1901	1.701
1906	1.309	1906	3.626	1906	1.133	1907	224		

C'est partout une très considérable augmentation d'un cycle à un autre. Le maximum de la courbe des grèves monte à chaque cycle périodique beaucoup plus haut qu'au cycle précédent. On voit, suivant les pays, entre deux cycles les chiffres doubler, tripler, quadrupler et augmenter plus encore.

En Angleterre, nous ne pouvons pas prendre les années

---

(1) D'après le résumé rétrospectif de l'*Annuaire Statistique*, p. 170.

maxima des cycles périodiques successifs, puisque, comme je l'ai indiqué, on n'y voit pas toujours le nombre de grèves croître dans la prospérité. Mais voici les chiffres des années de prospérité correspondant aux années pour lesquelles j'ai donné les chiffres sur le continent européen :

        1889..................   1.211
        1900..................   648
        1907..................   601

C'est une diminution très considérable, considérable surtout de 1889 à 1900, mais c'est tout de même une diminution encore de 1900 à 1907.

Voici maintenant les chiffres des années de dépression, des années *minima* :

Années du nombre MINIMUM des grèves

FRANCE		ALLEMAGNE		AUTRICHE		BELGIQUE		ITALIE	
								1887	79
1892	261							1894	128
1902	512	1901	1.091	1902	272	1903	70	1908	617
1909	1.049	1908	1.524	1908	756	1908	108		

Les chiffres des années de dépression sont inférieurs aux chiffres des années de prospérité. Mais, d'un cycle à un autre, c'est toujours le même accroissement. Suivant les pays, d'un cycle à un autre, c'est une augmentation parfois seulement de la moitié, mais le plus souvent une augmentation qui va comme du simple au double, au triple, ou encore plus haut. Si donc la courbe des grèves sur le continent européen présente des minima après des maxima, chaque fois le minimum monte bien au-dessus du minimum de la période antérieure de dépression.

Quant à l'Angleterre, à peu près aux mêmes années, nous trouvons les chiffres suivants :

1893	615
1904	355
1908	399

C'est donc dans l'ensemble, de 1893 à 1908, une notable diminution, bien que cependant il y ait actuellement une légère tendance à l'augmentation sur laquelle je reviendrai tout à l'heure.

C'est là, Mesdames et Messieurs, un phénomène d'un très haut intérêt et qui ne saurait trop appeler notre attention. Il est, d'une part, un pays où le nombre de grèves depuis une vingtaine d'années a diminué de moitié. D'autre part, dans d'autres pays, sur le continent européen, le nombre de grèves s'est accru : dans le même intervalle ou même dans des intervalles moindres, le nombre de grèves a doublé, triplé et augmenté parfois davantage.

Est-ce donc que la classe ouvrière anglaise s'endort dans une croissante atonie ? Vous savez tous qu'il n'en est rien. Et pour vous le montrer, pour vous montrer en particulier qu'elle ne laisse pas passer les années de prospérité sans réclamer et obtenir des améliorations des conditions du travail, voici les chiffres des variations hebdomadaires des salaires pendant la prospérité de 1896 à 1900 pour la population ouvrière sur laquelle des renseignements parviennent au Board of Trade :

1896 augmentation de	£ 27.000	par semaine.
1897 —	£ 32.000	—
1898 —	£ 81.000	—
1899 —	£ 90.000	—
1900 —	£ 209.000	—
Total	£ 439.000	

C'est donc une augmentation de salaires, pour toute la période de prospérité, de £ 439,000 ou d'environ 11 millions de francs par semaine, soit de plus d'un demi-milliard de francs par an.

A partir de 1901, il est vrai, avec le retour de la dépression, les ouvriers ont dû accepter des diminutions qui, pour toute la durée de la dépression de 1901 à 1905, ont atteint £ 229,000 par semaine.

Mais de nouveau, avec la prospérité, la hausse des salaires a repris :

    1906 augmentation de £   58.000
    1907   —   de £ 201.000

La diminution des grèves ne signifie donc pas l'apathie ou le découragement ouvrier. Elle est vraisemblablement due pour la plus grande part d'abord à la sagesse, à l'esprit de conciliation des deux parties, non seulement des ouvriers, mais aussi, il faut le dire très nettement, des employeurs qui consentent à traiter avec les syndicats, proclament souvent leur utilité, ne cherchent pas à les briser, comme le font les patrons allemands avec leurs *lock-outs*. Et elle est due aussi aux organisations que les Anglais ont su se donner et en particulier aux conseils de conciliation.

M. Fagnot vous l'a montré la dernière fois. Laissez-moi vous citer seulement ces chiffres d'ensemble : sur 100 ouvriers dont le salaire subit une modification durant l'année, on trouve pendant plusieurs années qu'il en est 97 ou 98 dont le salaire a été modifié sans grève et 2 ou 3 seulement après grève.

En 1908, par exemple, sur 100 ouvriers dont le salaire a été modifié, il ne l'a été après grève que pour 2 ouvriers. Il l'a été sans grève pour les 98 autres. N'est-ce pas admirable ? Et le changement est dû principalement aux conseils de conciliation. La modification a eu lieu sur 100 ouvriers :

> Pour   1,9 après grève ;
> Pour   6,5 par échelles mobiles ;
> Pour 29,2 par arrangements amiables ;
> Pour 62,4 par conseils de conciliation.

Vous voyez le rôle considérable que jouent, parmi les moyens pacifiques de modifications du salaire, les conseils de conciliation.

Il est vrai, je dois le reconnaître, qu'en ces tout derniers temps, il y a eu comme un fléchissement de l'esprit de conciliation qui, je le répète encore, est tout aussi précieux que le meilleur organisme de conciliation. Si, en effet, dans l'avant-dernier cycle périodique, on n'a pas vu, en Angleterre, les grèves croître dans la prospérité pour décroître dans la dépression, ce phénomène, au contraire, s'est manifesté dans le dernier cycle. Le nombre de grèves descendu jusqu'à 355 en 1904, année de dépression, s'est relevé dans la prospérité jusqu'à 601 en 1907 pour retomber à 399 en 1908 après la crise survenue.

De même, en 1909, sur 100 ouvriers dont le salaire a été modifié, on en trouve 13 au lieu de 2 pour qui la modification s'est faite à la suite d'une grève.

Même en Angleterre, ainsi, il reste encore des progrès à accomplir pour la généralisation de la conciliation. Cependant, c'est encore un beau résultat que le chiffre des grèves, malgré le léger accroissement des derniers temps, soit tombé de 1,200 à 600 et 400. C'est aussi un résultat remarquable que de voir encore, comme en 1909, que, sur 100 ouvriers dont le salaire a été modifié, le changement a eu lieu sans grève pour 87 ouvriers, et en particulier pour 68 par le moyen des conseils de conciliation. Pour plus des deux tiers des ouvriers, c'est donc réunis en conseils de conciliation que représentants des ouvriers et des employeurs ont décidé le changement des salaires qui est intervenu.

****

Il est donc très désirable que les conseils de conciliation s'acclimatent et se multiplient en France. J'y verrais, pour ma part, deux avantages, tous deux fort considérables :

1° Le conseil de conciliation est un instrument précieux de pacification sociale. Le contact permanent qu'il crée entre les parties, les pourparlers fréquents entre elles font naître et renforcent cet esprit de conciliation dont je parlais il y a quelques instants. Comme je le disais en 1907, « le conseil exerce sur les deux parties une action éducatrice très salutaire. Les employeurs, surpris de ne pas trouver dans les délégués ouvriers qu'ils ont devant eux les agitateurs turbulents et malfaisants de la légende, amenés à reconnaître leur dévouement et leur désintéressement, consentent à les écouter, attachent plus d'importance à leurs revendications, comprennent la différence qui sépare le salaire des autres parties du prix de revient, l'élément d'humanité qu'il enferme, la somme de joies ou de misères qu'il représente, ont plus conscience de leur responsabilité d'employeurs. Les ouvriers, de leur côté, se défont de leurs conceptions chimériques sur l'état du marché, se rendent compte de la complexité des phénomènes économiques, deviennent plus aptes à défendre les intérêts dont ils ont la charge par un meilleur choix du moment, par une dialectique plus exercée, par l'habileté d'une grande modération dans la forme et par la résignation aux nécessités inévitables en temps de crise. Les uns et les autres s'accoutument ainsi aux concessions réciproques, aux accords pacifiques également utiles aux employeurs, aux ouvriers et à la prospérité générale du pays. »

2° Le conseil de conciliation est un facteur d'organisation ouvrière et syndicale très efficace : « Emanation de la collectivité des travailleurs, le conseil de conciliation est au début plus compréhensif que le syndical qui réunit seulement une faible minorité d'ouvriers. Il représente l'ensemble des travailleurs, au lieu que nous avons souvent en France le spectacle affligeant, dans une même branche d'industrie, de plusieurs syndicats hostiles les uns aux autres. Mais, par les liens qui s'établiront fatalement entre dirigeants des syndicats et délégués d'ouvriers au conseil, par la participation des syndicats aux élections des délégués, par l'élaboration commune des revendications portées devant le conseil, une pénétration s'effectuera entre syndicats et conseils de conciliation. Les ouvriers s'habitueront peu à peu à se masser en un large syndicat unique qui soutiendra les réclamations présentées au conseil par les délégués ouvriers, qui veillera à l'application des décisions du conseil. »

Malheureusement, jusqu'ici, les conseils de conciliation ne se sont guère répandus en France. Dans le Nord, nos appels en ce sens sont demeurés sans écho. Nous avons bien fait adopter nos statuts par un comité d'usine. Mais nous n'avons réussi à créer aucun conseil de conciliation.

Il est vrai que, dans une ville industrielle du Nord, à Armentières, se sont établies des habitudes, des pratiques qui suppléent parfaitement au conseil de conciliation. Je ne suis pas, en effet, un partisan fanatique de ces conseils. Si, sans qu'il existe de conseil proprement dit, se généralise l'usage des rapports fréquents entre syn-

dicat patronal et syndicat ouvrier, c'est à peu près
comme si existait le conseil de conciliation. A Armentières, les tarifs du tissage ont été dressés en 1903, 1904,
à la suite d'une grève retentissante par des commissions
mixtes. Depuis, ces commissions ne se sont plus réunies.
Seulement, et le résultat est le même, le syndicat patronal accepte de reconnaître les syndicats ouvriers et a
eu souvent des pourparlers avec eux. La chose paraissait d'autant plus difficile qu'il existe à Armentières plusieurs syndicats de tisseurs, un syndicat rouge, un syndicat indépendant qui, d'ailleurs, refuse la qualification
de jaune, et un syndicat que, par une bizarrerie chroma-
tique, on a appelé vert parce qu'il est plus rouge que le
rouge. Une action commune entre ces trois syndicats ouvriers paraissait difficile. Elle existe cependant. Et vous
allez apprendre, j'en suis sûr, avec une très grande satisfaction, qu'elle est due indirectement à notre section
du Nord. Dès la première séance où nous étudiâmes
la question de la création de fonds de chômage commu-
naux dans le Nord, j'obtenais de M. Villard, adjoint au
maire d'Armentières et chef d'importantes usines dans la
région, la promesse qu'il travaillerait à l'institution d'un
fonds de chômage communal à Armentières. En effet, les
efforts conjoints de notre rapporteur M. de Lauwereyns
et de M. Villard aboutirent rapidement à cette création.
Or, ce fonds de chômage, en même temps qu'il a poussé
à la constitution de caisses de chômage syndicales et a
réussi à garantir ainsi contre le chômage une population
de 3,000 ouvriers, a présenté indirectement un second
avantage. La Commission du fonds de chômage est prési-
dée par un patron, M. Villard. Et, de cette Commission, font
partie les représentants des divers syndicats de tisseurs
qui (après s'être regardés au début avec quelque méfiance)
ont vite compris l'identité de leurs intérêts et ont pris

l'habitude d'agir en commun. En ces derniers temps, et, par exemple, en 1909, des modifications au tarif de 1903-1904, des relèvements de 10 % pour le travail sur deux métiers, ont été décidés sans grève, après des réclamations ouvrières et des entrevues courtoises entre les représentants des divers syndicats ouvriers et le syndicat patronal.

Ces pratiques se sont propagées en dehors même des ouvriers tisseurs. Les syndicats patronaux ont accepté les syndicats de tisseurs comme intermédiaires dans des différends qu'ils ont eus avec les « crémeurs », puis avec les employés des maisons de vente des tissages, catégories d'ouvriers qui n'avaient pas de syndicats, et ont relevé les salaires de ceux-ci à la suite de ces pourparlers pacifiques. J'ajouterais même que nos syndicats de tisseurs ont parfois même agi comme ligue de consommateurs. Et, dans ces temps de hausse des prix que nous traversons, ils sont parvenus, par des moyens divers, à empêcher la hausse excessive de certaines denrées, comme le beurre et la viande.

Mais, là où n'existent pas ces colloques entre employeurs et ouvriers, on doit souhaiter l'institution de conseils de conciliation. Dans le Nord, les ouvriers s'en montrent les partisans très convaincus. Ils ont exprimé, parfois, de la défiance à l'égard de comités ouvriers d'usine, comités, vous le savez, spéciaux à chaque usine. Ils craignent que ces comités ne divisent le faisceau ouvrier en groupements parcellaires et ne détournent du syndicat les travailleurs. Mais ils admettent sans réserves le bienfait des conseils de conciliation relatifs à l'ensemble des usines de la même branche de production ; fileurs et tisseurs ont ainsi énergiquement demandé la constitution de commissions mixtes dans plusieurs différends récents.

Malheureusement, les employeurs restent récalcitrants. Aussi, notre section du Nord a-t-elle pensé que la législation devait intervenir pour acclimater en France les conseils de conciliation.

****

MM. Fagnot et Arquembourg pensent comme moi, j'en suis persuadé, que cette acclimatation est très souhaitable. Sur le fond donc, nous sommes tous trois parfaitement d'accord. S'ils se sont refusés à vous proposer un vœu relatif à la création, par la loi, de conseils de conciliation, c'est qu'ils reculent devant la difficulté d'imposer par la loi, par la force, de tels conseils.

La difficulté, cependant, de faire vivre et fonctionner les conseils de conciliation peut être déjà très réduite si, comme le propose la section du Nord, on se garde de dispositions législatives générales couvrant le pays simultanément d'un ensemble de conseils relatifs à toutes les branches d'industrie. Les conseils ne paraissent pouvoir réussir que dans certains milieux. C'est là qu'il faut en instituer. La loi ne doit, ici, que suppléer à l'initiative privée. Son action doit donc être calquée sur celle qui aurait pu être entreprise par l'initiative de quelques grands patrons clairvoyants. Notre section du Nord demande donc, dans le premier article du texte qui vous est soumis, que la loi donne simplement mandat au pouvoir exécutif, au Ministre du Travail, d'ordonner, à la demande d'un syndicat ouvrier ou patronal, par arrêtés particuliers et successifs, la constitution de conseils de conciliation dans les régions et les industries qui, après enquête, lui paraîtraient mûres pour cette constitution.

Ce serait déjà quelque chose que d'inscrire une pareille disposition dans notre législation. Même si aucune sanction n'était prévue, je suis persuadé que, dans mainte industrie, une initiative du Ministre du Travail, conforme à la loi, ne demeurerait pas sans résultat. Comme Ministre des Travaux publics, notre Président n'a-t-il pas pu, en effet, obtenir l'institution de délégués dans les compagnies de chemin de fer ? Le projet de loi récemment déposé ne propose-t-il pas d'aller plus loin, de créer de véritables conseils de conciliation dans les chemins de fer ? Et si, dans le projet relatif aux couseils miniers de conciliation dont M. Fagnot vous a entretenus, aucune sanction n'est insérée contre les compagnies minières qui se refuseraient à l'institution de ces conseils, n'est-ce pas parce qu'on pense bien y parvenir par le simple effet de l'invitation légale qui leur sera adressée ? Le même phénomène doit se produire pour d'autres industries.

Je crois cependant que la loi devrait prévoir des sanctions contre ceux qui se refuseraient à l'institution de conseils de conciliation dans les cas où l'enquête du Ministre du Travail aurait pourtant établi la possibilité du fonctionnement de ces conseils. J'admets très volontiers que c'est ici le point le plus délicat de notre projet.

Il est cependant une sanction qui est d'application relativement aisée, et qui pourra atteindre un assez grand nombre d'industries. Je l'emprunte à la proposition de loi de notre Président sur le règlement amiable des différends relatifs aux conditions du travail. « Les employeurs qui ne se seront pas soumis à l'arrêté ministériel ne pourront recevoir aucune commande, ni se porter adjudicataires des fournitures et travaux de l'Etat, des départements ni des communes. » Voilà qui élargit déjà grandement le champ que nous ouvrons à l'initiative du Ministre du Travail.

Enfin, peut-être pourrait-on essayer d'implanter encore dans d'autres domaines nos conseils de conciliation. Et nous avons songé à cette sanction d'application très générale. Lorsqu'une des parties ne se prêtera pas à la constitution et au fonctionnement du conseil, l'autre partie pourra s'adresser au Ministre du Travail pour faire arbitrer les différends collectifs qui pourront survenir. Nous espérons que la crainte de l'arbitrage déterminera les parties, particulièrement les employeurs, à accepter de faire ce simple effort de bonne volonté qui consiste à entrer périodiquement en rapport avec les représentants ouvriers, à causer, à discuter avec eux.

Nous faisons ainsi appel, cette fois, à l'arbitrage. Mais nous le faisons simplement intervenir comme une menace, à cause de la mentalité présente des intéressés qui redoutent l'arbitrage. Notre but demeure la conciliation.

Peut-être, au cours de la discussion, d'autres sanctions seront-elles proposées, meilleures que celles de l'arbitrage, plus pratiques. Je suis pour ma part tout prêt à y souscrire. Ce que je voudrais surtout, ce que je demande énergiquement à l'Association française c'est de proposer que notre législation donne pouvoir au Ministre du Travail d'ordonner la constitution de comités de conciliation, de se faire le propagateur de ces conseils. Une fois l'institution introduite en France et mieux connue, je pense qu'elle s'y développerait d'elle-même et produirait les mêmes effets bienfaisants qu'en Angleterre.

Tentative de conciliation obligatoire dans toutes les industries, conseils de conciliation professionnels dans certaines branches de production, telles sont donc les deux mesures en faveur desquelles je demande vos suffrages. Si elles étaient adoptées par le Parlement, si, sous la double action de la loi et des efforts particuliers, la pratique des rapports fréquents s'établissait entre employeurs et représentants des organisations ouvrières, au bout d'un certain temps la législation deviendrait inutile. C'est peut-être là l'idéal de toute législation. Mais c'est l'idéal sûrement dans cette matière où son œuvre doit être toute de propagande et d'éducation.

VŒUX
PROPOSÉS PAR M. AFTALION, RAPPORTEUR

I. — La tentative de conciliation obligatoire

1° Le juge de paix, lorsqu'il sera informé par l'une des parties, dans les formes prévues à l'article 2 de la loi de 1892, de l'imminence d'une cessation collective de travail, et qu'il sera requis d'intervenir par cette partie, devra provoquer une tentative de conciliation. Il ordonnera, dans ce but, la comparution des parties ou de leurs mandataires qui seront tenus de se rendre à la convocation.

2° Le juge de paix devra toujours provoquer une tentative de conciliation après la cessation collective du travail. Il ordonnera, dans ce but, la comparution des parties ou de leurs mandataires qui seront tenus de se rendre à la convocation.

3° Avis de toute cessation de travail devra être donné au juge de paix dans les vingt-quatre heures par l'employeur, sous peine d'une amende de 1 à 5 francs.

4° Toute personne convoquée qui refusera de comparaître devant juge de paix sera passible d'une amende de 5 à 100 francs. Le juge ordonnera aussi l'affichage, aux frais de cette personne, du jugement de condamnation ou l'insertion dans les journaux.

II. — Les conseils professionnels de conciliation

1° Le Ministre du Travail pourra, à la demande d'un syndicat ouvrier ou patronal, d'une industrie ou profession, et après enquête, ordonner la constitution d'un conseil de conciliation régional ou national, relatif à la branche d'industrie ou profession intéressée, chargé d'examiner les questions d'ordre collectif concernant les conditions du travail, de prévenir et d'aplanir les différends.

2° Les représentants des patrons et des ouvriers détermineront d'un commun accord les règles d'organisation et de fonctionnement du conseil, sous réserve d'obéir aux prescriptions suivantes :

a) Les élections auront lieu au scrutin secret ;

b) Les représentants des parties seront en nombre égal ;

c) Le conseil aura au moins une réunion par trimestre ;

d) Il devra, en outre, se réunir au plus tard quinze jours après la demande écrite de la majorité des représentants d'une des parties ;

e) Le conseil sera présidé par une personnalité étrangère aux deux parties et désignée d'un commun accord par elles, ou à défaut d'accord des parties, par le Ministre du Travail.

3° Des sanctions devront être prévues par la loi contre ceux qui ne se prêteraient pas, malgré une mise en demeure du Ministre du Travail et sans une excuse légitime admise par lui, à la constitution et au fonctionnement du conseil et par exemple :

a) Les employeurs qui ne se seront pas soumis à l'arrêté ministériel ne pourront recevoir aucune commande, ni se porter adjudicataires des fournitures et travaux de l'État, des départements ni des communes.

b) Ou encore, si une des parties ne se prête pas à la constitution et au fonctionnement du conseil, l'autre partie pourra s'adresser, pour faire arbitrer les différends d'ordre collectif qui pourront survenir, au Ministre du Travail qui jouera lui-même le rôle d'arbitre ou désignera à cet effet une autre personnalité. Les décisions de l'arbitre auront un caractère obligatoire.

DISCUSSION DES RAPPORTS

M. LE PRÉSIDENT. — Vous avez entendu, à la dernière séance et à celle-ci, les trois rapports très intéressants et très substantiels qui nous ont été présentés. S'il n'y a pas d'opposition, je vais ouvrir la discussion générale.

DISCUSSION GÉNÉRALE

M. MOTTEAU. — Messieurs, nous devons surtout féliciter les rapporteurs de nous avoir si bien renseignés sur les conflits et d'avoir cherché des moyens pour établir la conciliation et l'arbitrage. C'est là tout l'avenir.

Avec la loi de 1892, on avait pensé que la plupart des conflits entre les employeurs et les salariés auraient trouvé des solutions qui auraient évité les tribunaux. Les conflits deviennent au contraire plus fréquents, il faut donc absolument indiquer et appliquer des moyens plus positifs avec des sanctions, afin de prévenir ces conflits.

Il est indispensable, dans l'intérêt des ouvriers et des patrons, que nous ayons par avance une procédure organisée, fonctionnant instantanément chaque fois qu'il en est besoin.

Les essais de conciliation et d'arbitrage devront être obligatoires au jour fixé. Si l'une des parties ne se présente pas, la sentence sera prononcée par défaut, avec une amende. Par ce procédé, nous obtiendrons des résultats considérables. Nous nous en rendons compte et nous en avons la preuve tous les jours par les conseils de prud'hommes, ou par les arbitrages des chambres syndicales, au sujet des affaires qui leur sont envoyées, et aussi par les tribunaux de commerce. 75 % des affaires sont solutionnées par ce moyen.

Voilà la proposition que je me permets de vous faire en mon nom et en celui de quelques-uns de mes amis : réforme de la loi du 27 décembre 1892 en matière de conflits collectifs entre employeurs et salariés. « L'essai de conciliation est obligatoire devant les conseils facultatifs du travail, composés en nombre égal de patrons et d'ouvriers. Si l'une des parties refuse la conciliation proposée par le conseil consultatif, dans ce cas, trois jours après l'essai de conciliation, les deux parties seront obligées de se présenter de nouveau devant le conseil consultatif du travail, mais cette fois, pour l'essai d'arbitrage, la partie qui refusera l'arbitrage proposé par le conseil consultatif du travail, devra formuler sa décision en expliquant avec détails les raisons et les motifs. Malgré cela, le conseil prononcera toujours une sentence. En cas de partage de voix du conseil consultatif, l'affaire sera envoyée dans le plus bref délai devant le même conseil présidé cette fois-ci par le président du tribunal civil ou par l'un de ses suppléants.

« La partie qui ne se présente pas, soit à la conciliation ou à l'arbitrage, paiera une amende fixée par le conseil consultatif. »

J'ai également une autre proposition : « Dans l'état actuel, la grève est une suspension de travail. Toute cessation collective de travail doit être soumise au conseil consultatif, ou c'est une rupture du contrat de louage avec ses conséquences.

« Les employeurs ou salariés qui refusent de recourir à l'essai de conciliation et d'arbitrage sont considérés comme rompant leur contrat ».

Par ce moyen, nous voulons amener tous les employeurs et tous les salariés à l'essai de conciliation et d'arbitrage. L'Etat veut que la grève soit une rupture de contrat de travail vis-à-vis de lui, et une simple suspension de travail pour l'industrie. Nous protestons en disant que c'est injuste : la grève est bonne ou mauvaise pour tout le monde, nous sommes les fournisseurs de l'Etat, de l'armée, de la marine, des postes et télégraphes, des chemins de fer. C'est donc relatif, Messieurs.

Avec le conseil consultatif du travail, nous possédons une juridiction toute faite pour trancher les questions sociales et les coalitions collectives de grèves. Ces conseils fonctionneront chaque fois qu'il en sera besoin. Leur compétence est indiscutable, puisque cette institution est composée de praticiens de chaque profession, moitié employés, moitié patrons, élus par leurs pairs.

Enfin, si l'une des parties n'admet pas la sentence, songez dans quelle situation difficile elle se trouvera. Elle aura contre elle l'opinion publique, comme le disait notre président dernièrement dans sa grande conférence; le rôle de l'Association pour la protection légale des travailleurs est tout indiqué dans la grave question qui nous préoccupe.

Ne cherchez pas autre chose que les conseils consultatifs du travail. Vous avez à votre disposition une loi ; c'est tout ce qu'on peut désirer pour solutionner l'essai obligatoire de conciliation et d'arbitrage. Ce qu'il faut, c'est en demander l'application sans perdre de temps.

En agissant ainsi, vous aurez rendu un grand service à la France tout entière. Les lois de 1892 et de 1884 permettent la coalition collective, c'est-à-dire la grève. On dit : Les salariés emploient ce moyen de contrainte. Ont-ils motif de le faire? Quelquefois. Je m'en vais répondre sommairement en examinant les trois cas de grève les plus fréquents qui sont: renvoi de contremaîtres, augmentation de salaires, diminution de la journée de travail.

Nous savons tous qu'il existe des contremaîtres qui deviennent orgueilleux, jaloux, vindicatifs, durs, grossiers pour les ouvriers. Ils les insultent en les traitant de paresseux, fainéants, bons à rien et blessent continuellement l'amour-propre d'individus honnêtes et travailleurs; ils les mettent à pied pour plusieurs jours, ils leur infligent des amendes à propos de rien, ils les laissent manquer de matière première, ils leur donnent de mauvais outils et, enfin, il vont jusqu'au bureau du patron, en disant : « Il faudra se débarrasser de cet ouvrier ».

Messieurs, il ne faut pas se tromper. Les ouvriers entre eux sentent très bien ceux qui ont de la valeur et ceux qui travaillent, et, par conséquent, autant ils apprécient un contremaître qui est juste et laborieux, autant ils méprisent celui qui est mauvais. A ce moment où tout le monde sans exception encourage les ouvriers à devenir de petits propriétaires en ayant chacun leur maison, ce qui constitue le bonheur de la famille, — le travailleur de l'usine ne peut pas être exposé tous les jours à quitter le pays avec ses enfants sans motif sérieux et par le fait d'un contremaître qui est méchant.

Vous le voyez, Messieurs, il y a là des raisons fondées. Les salariés ont raison de se plaindre. C'est à l'essai obligatoire de conciliation et d'arbitrage que ces questions devront arriver sans collision ni grève.

Passons maintenant aux grèves pour augmentation de salaires. L'augmentation de salaires a sa raison d'être. Souvent, il faut le reconnaître, parce que d'abord la vie est plus chère, elle augmente chaque jour. Les loyers sont beaucoup plus élevés. Il faut reconnaître aussi que l'ouvrier est plus habile qu'autrefois, qu'au temps où il ne savait ni lire ni écrire. Aujourd'hui, il se rend compte des matières premières qu'il emploie; son intelligence, déjà préparée à l'école primaire, se développe sans cesse à l'atelier, ainsi que ses moyens de travail et d'application.

Eh bien, lorsque les ouvriers produisent 10, 20, 30 % de plus par jour, il est juste et équitable qu'ils viennent dire aux employeurs par l'intermédiaire d'une institution légale : « Nous demandons une augmentation proportionnelle de salaires ».

C'est dans ces cas que fonctionnera l'essai obligatoire de conciliation et d'arbitrage, et c'est encore par ce moyen que nous éviterons les grèves pour augmentation de salaires.

Grèves pour diminution de la journée de travail. La diminution de la journée de travail devrait se faire dans beaucoup d'usines. En effet, la loi de 1848 étant toujours en vigueur, un grand nombre d'usines, d'ateliers de province travaillent 12 heures et plus par jour. Eh bien, Messieurs, est-il toujours indispensable de travailler 12 heures pour produire la même quantité d'objets fabriqués ? Nous répondons non. Souvent, presque toujours, on peut produire autant en 10 heures, l'expérience l'a démontré.

Précisons la question. Pourquoi voulez-vous que des hommes, depuis 18 ans jusqu'à 65 ans, âge de la retraite, se lèvent à 4 heures du matin pour commencer à 5 heures, et qu'ils finissent à 7 heures pour ne rentrer chez eux qu'à 8 heures ; il en est ainsi par tous les temps, qu'il pleuve, qu'il vente ou qu'il neige, cela ne fait rien. Les hommes de 65 ans comme les jeunes gens doivent être présents, sans quoi on les met à l'amende.

Lorsque les salariés viendront dire au patron — et lui prouver — qu'ils produiront autant en 10 heures, la grève n'aura pas lieu grâce à l'essai de conciliation.

Vous le voyez donc, dans l'intérêt des ouvriers et des patrons, il faut absolument faire fonctionner la loi sur les conseils consultatifs du travail. C'est indispensable, et nous y comptons. (*Applaudissements*).

M. RAZOUS. — Je suis absolument d'accord avec MM. Fagnot, Arquembourg et Aftalion en ce qui concerne la création de comités permanents de conciliation. Cette question a d'ailleurs été traitée magistralement par l'éminent président de cette séance, M. Millerand, à la conférence qu'il fit le 22 février dernier à la Ligue de l'enseignement. Ce serait, par conséquent, amoindrir la grande portée de cette question que d'ajouter des commentaires superflus sur ce point.

Mais, si je suis absolument d'accord avec MM. Aftalion, Arquembourg et Fagnot en ce qui touche à la création de ces comités de conciliation, j'estime que, dans leurs rapports et dans leurs conclusions, on ne voit pas, tout au moins dans les rapports de M. Fagnot et de M. Arquembourg, comment dans la grande majorité des cas on provoquera la nécessité de ce recours à la conciliation.

La loi de 1892 avait ce grand inconvénient qu'elle décrétait la conciliation comme facultative. Or, personnellement, je ne suis pas partisan des lois qui demandent facultativement une chose. Une loi doit obliger à faire ou à ne pas faire, et cela sous peine de sanctions. Je ne dis pas que la loi de 1892 n'a pas été bonne, elle a ouvert même la voie à cette idée de conciliation; elle a ménagé les entretiens qui ont eu lieu depuis, et peut-être arrivera un jour, je l'espère, où elle amènera la conciliation obligatoire.

M. Aftalion, lui, prévoit la nécessité de cette conciliation, et même il inflige une amende au patron qui n'a pas fait connaître, dans un délai d'un jour à partir de la cessation du travail, le fait de l'ouverture de la grève.

Messieurs, je considère une chose : c'est que ce qu'il faut surtout, ce n'est pas tant apaiser le conflit du travail au moment où ce conflit vient de commencer, au moment où les ouvriers ont quitté l'atelier, c'est avant que cela se produise. Il faut le prévenir. Or, on arrangera bien plus difficilement les choses lorsqu'après un coup de tête, chacun sera parti de son côté. A ce moment-là, il se présentera toutes sortes de difficultés et la grève, le conflit du travail prendra une acuité que vous ne pouvez pas soupçonner. Je crois qu'il faudrait exiger, qu'il faudrait obtenir non pas le recours à l'arbitrage obligatoire, je n'en suis pas partisan, je dirai pourquoi tout à l'heure, mais le recours à la conciliation, et le recours avant même que le travail ait cessé.

Il est évident qu'ici j'entre dans une question extrêmement compliquée, parce que, du moment où je ne permets pas à l'ouvrier de quitter le travail subitement, brusquement, je le mets quelquefois dans certaines conditions d'infériorité pour faire valoir ses revendications. Il arrive, en effet, trop souvent que l'ouvrier profite de certaines circonstances qui peuvent lui être propices pour se mettre en grève et pour acculer le patronat à lui donner les satisfactions qu'il demande.

Mais, à côté de cet inconvénient qui existe, je le reconnais, mais qui n'a pas autant d'importance qu'on le croit, il y en a d'autres qu'il ne faut pas négliger, et je vous demanderai la permission de préciser ma pensée par un exemple.

Il y a, dans le Tarn, une ville, la ville de Mazamet, où se trouve concentrée l'industrie du « délainage » des peaux. Dans cette industrie, on sépare la laine de la peau de mouton par un procédé qui consiste à mettre dans une étuve les peaux après leur avoir fait subir une certaine préparation. Or, le passage à l'étuve exige au moins trois ou quatre jours pendant lesquels les ouvriers doivent surveiller attentivement l'opération. Un orage qui va finir, un changement de température, une variation de l'état hygrométrique sont souvent la cause, si la surveillance n'est pas effective, de la perte des matières premières. Que se passe-t-il alors ? Les ouvriers de Mazamet, les « délaineurs » choisissent toujours, lorsqu'ils veulent se mettre en grève, le moment où l'on vient de mettre les peaux à l'étuve. Il en résulte forcément, à ce moment-là, une perte extrêmement importante pour le chef de l'entreprise. La plupart du temps, celui-ci suppute la perte qu'il éprouvera en acceptant les revendications des ouvriers, et celle qu'il aura en laissant perdre ses peaux. Quelquefois il cède, quelquefois il ne cède pas si la perte doit être moins considérable, mais néanmoins celle-ci n'en est pas moins la cause d'un ressentiment extrêmement grave de la part de l'industriel et les pourparlers deviennent très difficiles. Dans ces conditions, la conciliation n'arrive souvent qu'après deux ou trois mois de grève.

Voilà pourquoi je proposerais quelque chose de très hardi peut-être, mais je ne demanderai pas mieux d'entendre les objections de vous tous qui connaissez parfaitement ces questions, et de me ranger à votre opinion après. Mais il me semble qu'on pourrait peut-être décider que la grève et le lock-out — je vais d'ailleurs en parler — dans un recours à la conciliation préalable, constitueront une rupture de contrat de travail, rupture exposant la partie lésée à recevoir des dommages-intérêts de la partie adverse. Ce n'est que dans ce cas-là, et à cette condition, que je considérerai qu'il y a rupture, car j'estime que la grève est quelque chose qui doit être laissé à l'ouvrier. L'ouvrier, dans les conditions actuelles de l'industrie accepte une certaine situation : il est indispensable qu'il ait cette garantie morale, que lui donne la grève de la possibilité d'améliorer une situation matérielle.

Je commencerai donc par rendre le recours à la conciliation nécessaire, ou sans cela je déclarerai qu'il y a rupture du contrat de travail exposant à des dommages-intérêts.

Quels sont les dommages-intérêts qui seront alloués ? On tiendra compte, évidemment, de la jurisprudence établie au point de vue du délai-congé ; mais il n'y a pas que la question de salaires à faire intervenir, il y a encore la perte subie d'une part comme de l'autre.

Il y a un cas particulier : celui du lock-out dans le bâtiment. Nous avons ici le président des entreprises du bâtiment, M. Despagnat, qui ne me démentira pas. Ce lock-out a été prononcé. A la rigueur, il n'y aurait pas de dommages-intérêts, parce que, dans l'entreprise du bâtiment, il n'y a pas de délai-congé. Seulement, dans ce cas-là, lorsque vous faites un lock-out, vous empêchez tous les ouvriers d'une profession de trouver du travail dans une même région. A ce moment-là, ils auront le droit, si vous n'avez pas rempli les formalités préalables de la conciliation, de vous intenter une action et de vous demander des dommages et intérêts pour aller dans une autre ville trouver du travail.

Voilà donc bien établi le fait de la rupture du contrat que je considère comme indispensable s'il n'y a pas eu recours à la conciliation.

Dans les rapports qui vous ont été lus, on a examiné la composition des commissions de conciliation. On a dit, non sans raison, que quelquefois le juge de paix par lui-même n'avait pas une autorité suffisante pour amener les parties à se concilier. J'accepte cette façon de voir, mais j'estime que le rôle du juge de paix ou de toute autre personne chargée de présider ce comité n'est pas un rôle d'arbitre, c'est un rôle de directeur de débat, c'est le rôle de quelqu'un qui veut amener à conciliation deux autres personnes. Il doit arriver à ce que les patrons et les ouvriers, ou à ce que les représentants des uns et des autres se mettent d'accord sur une formule. Il ne fait que diriger le débat ; puis, s'il y a u-n tort, il en prend acte ; l'accord ayant lieu, la grève est terminée ; s'il n'y a pas accord, il est impuissant par lui-même à obtenir l'arbitrage.

D'ailleurs, autant je crois à la nécessité du recours à la conciliation, autant je crois que ce recours doit être obligatoire, autant je ne crois pas à la nécessité de l'arbitrage. L'arbitrage est une indication, mais il ne peut pas être obligatoire, car, dans certains cas, il peut conduire à une modification de salaires absolument incompatible avec les nécessités de certaines entreprises. Dans ce cas-là, l'arbitrage consisterait à dire au patron : « Vous êtes obligé de produire, de fabriquer à telles conditions », et si celui-ci ne peut pas le faire, il sera obligé de fermer toute usine.

Par conséquent, l'arbitrage peut avoir des inconvénients extrêmement graves.

Supposez des ouvriers mécontents d'un contremaître maladroit — il y en a — et que, dans l'arbitrage, on maintienne ce contremaître à son poste, vous voulez obliger ces ouvriers qui ne peuvent pas souffrir l'homme qui les dirige à continuer à travailler avec lui ? Non. L'arbitrage ne saurait être obligatoire dans la plupart des entreprises et à ce point de vue nous pourrions discuter beaucoup sur la question des entreprises privées, d'une part, et des entreprises publiques de l'autre.

Personnellement, je ne ferai pas cette distinction, mais j'en ferai une tout autre. Pour moi, il y a deux sortes d'entreprises : les entreprises dans lesquelles la cessation immédiate du travail occasionne une perturbation à la vie nationale, et les entreprises dans lesquelles la cessation immédiate du travail n'occasionne pas cette perturbation.

Pour moi, la nécessité du droit de grève doit exister pour tous, seulement je crois que nous devons la réglementer, et c'est pourquoi nous cherchons à établir la conciliation. Si la grève peut à la rigueur être admise dans les entreprises où elle ne cause pas une grande perturbation, il est assez difficile de l'admettre pour les entreprises dans lesquelles la cessation immédiate du travail occasionne une perturbation nationale. Et si je reconnais que l'arbitrage n'est guère possible pour les entreprises, non pas entreprises privées ou entreprises de l'Etat, mais entreprises dans lesquelles la cessation du travail n'amène pas une perturbation immédiate, entreprises dans lesquelles je range les manufactures d'allumettes de l'Etat ou de tabac, car j'estime que le pays pourrait se passer pendant quelques jours de tabac ou d'allumettes, sans que cela cause une perturbation nationale, je dis que, si je ne vois pas la nécessité de l'arbitrage pour ces industries, je considère, au contraire, qu'il est indispensable d'y recourir dans certains cas.

Cela ne veut pas dire que je refuse le droit de grève aux employés de chemins de fer ou aux employés des postes par exemple, mais cette question de l'arbitrage obligatoire sortirait des cadres de notre discussion, et je tiens à me borner aux quelques points que je vous ai soumis.

Je terminerai en vous demandant s'il ne serait pas possible de décider, selon que la grève n'est pas précédée de recours à la conciliation, si cette grève est considérée comme une rupture du contrat de travail donnant droit à des dommages-intérêts.

M. FAGNOT. — Après le très intéressant exposé que vient de nous faire M. Razous, nous nous demandons, M. Arquembourg et moi, s'il ne conviendrait pas d'aborder immédiatement l'examen des vœux. Le sujet est très vaste et il nous faudra pour le traiter complètement un assez grand nombre de séances. Il serait donc utile, à notre avis, pour économiser notre temps le plus possible, de clore la discussion générale et de commencer la discussion des vœux.

Dans cet ordre d'idées, la première question à traiter est relative à la tentative obligatoire de conciliation. Elle est résolue de trois manières différentes par les trois rapporteurs, qui sont d'ailleurs tout à fait d'accord sur le principe.

Pour faciliter l'étude des autres questions soulevées par les rapporteurs, nous pourrions grouper sur chacune de ces questions les divers projets de vœux soumis par les rapporteurs.

LA TENTATIVE OBLIGATOIRE
DE CONCILIATION

M. LE PRÉSIDENT. — La première question est très nette : y a-t-il lieu de rendre obligatoire la tentative de conciliation ? Avez-vous d'autres questions, résumant les autres vœux, que vous puissiez dès maintenant indiquer à la réunion ?

M. FAGNOT. — Pas immédiatement ; mais il sera facile de grouper les vœux autour de chacune des questions posées.

M. Millerand. — Vous avez entendu, Messieurs, la proposition des rapporteurs. La réunion est-elle d'avis, sauf à discuter ensuite les modalités, de rendre obligatoire la tentative de conciliation ? Sur cette première question, quelqu'un demande-t-il la parole?

M. Max Lazard. — Est-ce que M. Fagnot ne pourrait pas résumer en quelques mots l'opinion de chaque rapporteur ?

M. le Président. — Cela nous ferait perdre du temps. On trouve d'ailleurs cette opinion dans les rapports imprimés.

Si personne ne prend la parole, je vais tâcher d'allumer la discussion, si vous me permettez de m'exprimer ainsi, et d'indiquer quelles sont les raisons pour lesquelles, quant à moi, il me paraît qu'il n'y a pas d'inconvénient, qu'il y a, au contraire, des avantages à rendre obligatoire la tentative de conciliation.

Je crois que les trois rapporteurs ont été d'accord pour reconnaître que la loi de 1892 avait été à peu près impuissante, et une des raisons essentielles qui ont été données pour expliquer cette impuissance a été précisément le caractère facultatif de cette loi.

Si vous me permettez d'exprimer un avis personnel que j'ai eu souvent l'occasion de formuler, je ne crois pas beaucoup, quant à moi, à l'effet utile d'une loi sur la conciliation ou sur l'arbitrage, si elle surgit dans l'état où se trouvent en ce moment, par rapport les uns aux autres, la masse des employeurs et des employés.

Autrement dit, je crois d'une façon très ferme que le préliminaire indispensable de toute loi de conciliation ou d'arbitrage qui veut aboutir à un résultat sérieux est l'organisation de rapports périodiques et permanents entre les employeurs et les employés, l'organisation, tout au moins dans les entreprises présentant une certaine importance, des employés, en comprenant sous ce terme générique ouvriers comme employés, groupés et élisant des leurs pour servir d'intermédiaires entre leurs employeurs et eux.

Tout à l'heure, M. Aftalion a bien voulu faire allusion à ce que j'avais obtenu, étant au ministère des Travaux publics, des grandes compagnies de chemins de fer, qui ont consenti, suivant, d'ailleurs, l'exemple que leur avait donné le réseau de l'Etat, à instituer chez elles des délégués de leur personnel, élus, d'ailleurs, par catégories ou par régions.

Je ne crois pas que l'on puisse, très exactement, comme l'a fait M. Aftalion, dire que ce sont là des conseils de conciliation. C'est autre chose ; mais, à mon avis, cette autre chose est à la fois le préliminaire indispensable de la création de conseils de conciliation et, peut-être, pourrait-elle dispenser dans la majorité des cas de la création de ces conseils.

En effet, une fois décidé que le personnel choisit dans son sein des représentants qui, en son nom, discutent d'une façon périodique ses intérêts avec les chefs de service avant qu'il n'y ait conflit, sans qu'il soit besoin qu'un conflit soit non seulement né, mais imminent ; s'il est entendu que, d'une façon permanente, à des époques réglées, employeurs et employés causeront ensemble de leurs intérêts communs, je mets en fait que les chances de conflit auront beaucoup diminué et que, d'autre part, si des conflits surgissent ou menacent, ces conversations auront, dans beaucoup de cas, pour effet de résoudre ces conflits.

En tout cas, je reviens à l'idée que je me permettais de formuler tout à l'heure. Même s'il faut en arriver à discuter devant un comité spécial de conciliation ou d'arbi-

trage, on ne le fera d'une façon utile que si, préalable-
ment, employés et employeurs ont pris l'habitude de
causer entre eux. M. Razous le rappelait tout à l'heure
avec infiniment de raison, ce n'est pas au moment où le
conflit est né, ce n'est pas au moment où la bataille s'engage qu'il est utile ni possible, avec quelques chances de
succès immédiat, de dire aux deux parties qui sont sur
le point d'en venir aux mains : « Arrêtez-vous, causez » ;
il faut, pour qu'elles causent, qu'elles en aient l'habitude;
il faut qu'au moment où naît le conflit, l'employeur, par
des conversations préalables, ait été mis au courant des
revendications de ses employés; il faut que les employés
eux-mêmes se soient rendu compte de la valeur de leurs
revendications. C'est alors seulement qu'une conversa-
tion utile pourra s'engager.

Quant à l'indication que donnait tout à l'heure M. Razous, disant que, dans le cas où le conflit interviendrait
sans que les parties aient recouru à la conciliation ou à
l'arbitrage, le lock-out ou la grève seraient alors considérée comme une rupture du contrat de travail devant
amener toutes ses conséquences, c'est-à-dire des dommages-intérêts, je suis un peu sceptique sur la valeur du
remède. Nous cherchons en ce moment des remèdes
pour la France de 1911; or, dans la France de 1911,
nous ne nous trouvons pas en présence d'associations
ouvrières solidement constituées, ayant un patrimoine,
capables de répondre, le cas échéant, des fautes
qu'elles auraient commises. Par conséquent, dire que si
les ouvriers commettent la faute de déclarer la grève
sans avoir auparavant recouru à la conciliation ou à l'arbitrage, des dommages-intérêts seront suspendus sur
leur tête, c'est une menace qui ne les émouvra guère
parce qu'elle est dépourvue de sanction. C'est même là
une considération sur laquelle je me permets d'appeler

toute l'attention de la réunion et par laquelle je voudrais terminer ces observations dont je vous prie d'excuser la longueur.

A mon avis, l'intérêt essentiel de l'organisation de ces rapports entre employeurs et employés, comme de la création de délégués du personnel, de l'institution de la conciliation obligatoire ou de l'arbitrage, c'est avant tout de faire œuvre d'éducation, pour les patrons comme pour les ouvriers. Au fond, nous nous trouvons, en ce moment, dans cette situation qu'employeurs et employés en sont arrivés, par des causes diverses, dont deux des plus importantes sont sans doute la transformation de l'industrie, le progrès du machinisme et aussi la modification du régime politique, en sont arrivés à chaque instant à se heurter et à discuter entre eux sans avoir ni les organes ni les mœurs de la discussion. (*Très bien ! Très bien !*)

Nous ne pouvons pas, du jour au lendemain, créer ni ces mœurs ni même ces organes ; nous ferons des lois utiles ou inutiles et, par conséquent, nuisibles, suivant que nous les ferons dans la bonne orientation ou dans la mauvaise. A mon avis, la bonne orientation est précisément de diriger ouvriers et patrons du côté de la discussion, de l'examen contradictoire des intérêts communs, de déshabituer les uns des mœurs et des habitudes de la violence, de déshabituer les autres de la croyance encore trop répandue que, maîtres absolus chez eux, ils ont le droit, puisqu'ils sont responsables des autres, de prendre les décisions qu'ils veulent sans avoir à en causer même avec leurs collaborateurs. (*Applaudissements.*)

Il faut, à mon avis, tâcher de nous diriger vers une législation et vers des mœurs où peu à peu ces deux dangers seront évités. Je suis convaincu que toute loi qui tend à organiser d'une façon normale l'ensemble du prolétariat, à créer entre les employés et leurs employeurs des relations périodiques, à montrer comme une obligation nécessaire la tentative de conciliation ou d'arbitrage, est une loi qui, par sa pratique même, conduit peu à peu ouvriers et patrons vers cette conception que c'est par la discussion contradictoire que les conflits seront résolus et non pas par la violence, par l'entêtement dans un droit absolu. Ainsi nous nous rapprocherons des solutions pratiques les meilleures pour les individus et pour la société. (*Applaudissements.*)

C'est dans ce but que, sous les réserves que je me suis permis d'indiquer, je me rallie pleinement, quant à moi, à la proposition de rendre la tentative de conciliation obligatoire. (*Applaudissements.*)

M. FAGNOT. — Il y a quelque différence de forme entre la proposition de M. Aftalion, celle de M. Arquembourg et la mienne et j'aurai à cet égard des observations à présenter ; mais l'assemblée pourrait d'abord se prononcer sur le principe.

Il me semble, si j'en juge par l'assentiment donné aux paroles de M. le Président, que l'assemblée admet le principe de l'obligation d'une tentative de conciliation.

M. LEROLLE. — J'ai demandé la parole pour une précision sur la question de textes. Je voulais savoir si, dans la pensée de M. le Président, la question de la conciliation était liée à la constitution de ces conseils d'usine qu'il a proposés déjà, étant ministre, au Parlement de constituer législativement, ou bien si ce sont deux questions distinctes et si nous n'étudions ce soir exclusivement que la question des conseils de conciliation. Sur ce point, je reste de l'avis de M. Fagnot, je crois qu'il est nécessaire de faire entrer dans notre législation l'idée de la nécessité de la conciliation.

M. LE PRÉSIDENT. — Il y a deux questions distinctes :
une première que posait M. Fagnot au début : « Y a-t-il
lieu de rendre obligatoire la tentative de conciliation
telle au fond que, dans les grandes lignes, l'a conçue la
loi de 1892 », et puis il y a une autre question sur laquelle, d'une façon très intéressante, a insisté M. Aftalion : la création de conseils de conciliation, de conseils
d'usine comme les appelait tout à l'heure M. Lerolle.

M. LEROLLE. — Ce n'est pas la même chose.

M. LE PRÉSIDENT. — J'entends bien et j'ai bien saisi la
distinction que M. Aftalion lui-même a faite tout à l'heure.

M. CAUWÈS. — Je trouve qu'il y a deux choses bien distinctes : il y a des conseils d'usine, des conseils intérieurs
dans une entreprise déterminée et il y a des conseils
comme ceux que comprend M. Aftalion, qui peuvent réunir tous les ouvriers d'une même industrie, ou encore
plus, car M. le Président parlait tout à l'heure de l'ensemble du personnel ouvrier et de tous les employeurs.
Il y a là comme des cercles concentriques et il faudrait
savoir dans quel milieu nous nous plaçons.

Les conseils de conciliation, tels que les préconise
M. le Président, sont une chose excellente, mais il faudrait peut-être encore préciser ; car autant, dans une
grande industrie, je conçois le fonctionnement normal
d'un conseil d'usine, autant je ne comprends pas de la
part des directeurs, la prétention d'être autoritaires,
d'être autocrates sans vouloir entendre les voix de ceux
que l'on emploie, autant quand il s'agit d'une toute petite
industrie le partage de la maîtrise devient beaucoup plus
délicat. Il est plus facile de s'entendre avec les délégués
de nombreux ouvriers qu'il est facile de partager son
autorité chez soi, dans un petit atelier, avec ceux avec les-

quels il faut vivre en contact permanent et sur lesquels on doit exercer une autorité un peu plus forte.

Je crois que toutes ces différences de milieux ont une très grande importance et ce qui me gêne, ce serait d'entrer dans des définitions de principe, sans avoir fait les distinctions nécessaires.

M. Aftalion. — Je crois que nous sommes tous d'accord pour distinguer nettement deux catégories de vœux. La première vise la tentative de conciliation obligatoire sans la création d'organismes permanents ; la seconde catégorie de vœux, que nous examinerons plus tard, vise la création de cet organisme permanent. Il y a là une réforme qui paraît en général archi-mûre, c'est la tentative de conciliation obligatoire. Je propose donc que nous commencions par l'examen de cette réforme ; nous verrons ensuite la seconde, concernant la création d'un organisme permanent, de conseil, de commission.

Encore une fois, en ce qui concerne la première réforme, je ne crois pas qu'il y ait grande différence entre les trois rapporteurs. Quant à moi, je me rallie au texte de M. Fagnot, mais je demande qu'on ne se contente pas de ce vœu très général et qu'on veuille bien le préciser, le fortifier par des mesures analogues à celle que nous nous proposons : première mesure qui demande la tentative de conciliation obligatoire si possible avant la grève, et deuxième catégorie de mesures qui proposent une sanction.

M. le Président. — On a dit à plusieurs reprises que sur la tentative de conciliation obligatoire tout le monde était d'accord. Eh bien ! nous avons le plaisir et le profit d'avoir ici un certain nombre de représentants du grand patronat. Je serais très heureux que l'un d'eux voulût bien prendre la parole pour nous dire qu'il est en effet d'accord avec nous sur le principe, ce que j'espère, sans en être absolument sûr. Sommes-nous tous bien d'accord sur ce premier point ? C'est là ce qu'il faudrait savoir.

M. Arquembourg. — Monsieur le Président, vous venez de présenter des observations auxquelles je me rallie très sincèrement. Je partage vos idées, beaucoup diraient vos illusions. Au sujet des conseils d'usine, je crois que nous ne sommes plus tout à fait d'accord. Vous pensez que ces délégués pourraient être institués par voie légale ; je considère, au contraire, qu'il serait préférable qu'ils soient choisis d'après leur degré d'instruction même, d'après leurs capacités.

Pour le moment, je crois que nous devons laisser toutes ces questions de côté et que nous ne devons nous occuper que des améliorations à apporter à la loi de 1892.

Je réponds en même temps à une observation présentée tout à l'heure par M. Aftalion qui nous reprochait peut-être à M. Fagnot et à moi de ne pas avoir émis de vœu relativement à la constitution de ces conseils de conciliation.

Nous avons bien parlé dans nos deux propositions de comités de conciliation, mais ces comités, nous les envisageons à un autre point de vue. On a reproché à la loi de 1892 de confier au juge de paix une tâche qui était au-dessus de ses forces. Nous avons tenu à fortifier le juge de paix en lui adjoignant des personnes prises parmi les intéressés.

C'est à ce point de vue seulement que nous avons parlé de la constitution de comités de conciliation. C'est tout autre chose que les conseils dont parle M. Aftalion, et c'est pourquoi nous, de notre côté, nous ne les avons pas mentionnés dans notre rapport, car c'est une question annexée à la loi de 1892, qui sera résolue pour faire entrer la loi de 1892 plus avant dans les mœurs et dans les habitudes. C'est une question que nous considérons comme très intéressante et très utile à étudier, mais la loi peut néanmoins être améliorée sans que cette institution fonctionne. Je tenais à préciser ce point.

M. LE PRÉSIDENT. — Il est bien entendu que la question qui est posée en ce moment est celle-ci : la tentative de conciliation doit-elle être rendue obligatoire? Si sur cette question précise quelques membres du patronat qui sont ici présents voulaient bien prendre la parole, je leur répète que nous en serions très heureux.

M. DESPAGNAT. — Je voulais vous demander dans quels cas vous étiez d'avis de prévoir la conciliation obligatoire, si c'était dans tous les cas ou en dehors du contrat collectif.

M. LE PRÉSIDENT. — Dans tous les cas.

M. DESPAGNAT. — Lorsqu'il y aura un contrat collectif, je ne vois plus du tout le rôle du comité. Le contrat de travail, en effet, prévoit les règles qui doivent régir le travail, soit qu'il porte en lui-même tous les éléments pour régler les conflits, ou qu'ils soient solutionnés par une commission mixte.

Par conséquent, votre projet ne peut viser que les cas où il n'y aura pas de contrat collectif. De même, je ne vois pas très bien comment nous pourrions faire fonctionner les délégués d'usine s'il y a des contrats collectifs.

M. LE PRÉSIDENT. — Je voudrais bien pour le moment que nous fixions uniquement notre attention sur ce premier point : la tentative de conciliation doit-elle être rendue obligatoire ?

M. DESPAGNAT. — Nous en sommes absolument partisans avant le conflit...

M. LE PRÉSIDENT. — Qu'est-ce que vous appelez avant le conflit ?

M. DESPAGNAT. — Nous sommes d'avis qu'il doit y avoir une tentative de conciliation avant que la grève soit déclarée.

M. LE PRÉSIDENT. — En êtes-vous partisans après ?

M. DESPAGNAT. — A plus forte raison ; nous estimons que c'est un moyen préventif, mais qu'il faut aussi l'employer lorsque la grève est déclarée.

M. GIDE. — J'ai entendu M. Fagnot lui-même opposer une objection très grave au principe de la comparution obligatoire, c'était celle-ci : l'inégalité de situation qui existe entre les patrons et les ouvriers. Du côté patrons, il sera facile de rendre la comparution obligatoire, mais du côté des ouvriers, comment agira-t-on, c'est là un renseignement que je voudrais avoir.

On ne peut pas les viser au nombre de 100 ou de 1,000 individus ; on ne peut viser que des délégués, et s'ils ne veulent pas venir, comment les y contraindra-t-on ?

Je suis très partisan de cette mesure, je ne dis pas cela par opposition, c'est simplement pour m'éclairer.

M. FAGNOT. — Dans les conférences auxquelles M. Gide fait allusion, j'avais, en effet, soulevé l'objection et elle avait été appuyée notamment par M. Cauwès. Voici pourquoi j'admets aujourd'hui l'obligation d'une tentative de conciliation. D'abord, je constate qu'en fait, ce sont les patrons qui, dans les cinq sixièmes des cas, refusent de se rendre à l'appel du juge de paix. D'autre part, vous voyez que les trois rapporteurs sont placés, par leur situation personnelle, à trois points de vue différents. Ils ont dû, par suite, dans la mesure du possible, faire un effort en vue d'établir l'accord entre eux. En ce qui me concerne, j'ai, sur ce point, adopté la manière de voir de M. Arquembourg, qui représente plus spécialement le côté industriel. D'ailleurs, la formule proposée est de nature à rassurer M. Gide.

Il ne faut pas oublier que nous restons placés sous le régime de la loi de 1892. Or, que dit cette loi ? Elle dit que les parties nommeront cinq délégués choisis parmi les intéressés. Supposons qu'un juge de paix, en vertu de l'article 10 de la loi, fasse un appel à la conciliation. Il a plusieurs manières de procéder. D'après la loi, il peut employer la voie d'une affiche pour informer les parties qu'il est à leur disposition tel jour et les inviter à lui faire connaître si elles veulent bien venir devant lui.

Dans ce cas, d'après le texte proposé, la pénalité ne pourra pas s'appliquer, parce qu'il n'y a pas de personne nommément convoquée par le juge de paix. J'insiste sur ce point : il faut qu'il y ait des personnes nommément convoquées pour que la pénalité s'applique.

Mais, en nombre de cas, le juge convoque, sous sa responsabilité de magistrat, cinq personnes qui lui sont indiquées par une série de faits extérieurs. Il sait que ces cinq personnes sont qualifiées pour assister à une réunion de conciliation...

M. Gide. — Alors, ce ne sont plus des délégués.

M. Fagnot. — Voici comment les choses se passent.

dans la plupart des grèves. Les ouvriers, réunis le soir à la bourse du travail, discutent la question de savoir s'ils vont répondre ou non à l'invitation du magistrat cantonal. Lorsqu'ils acceptent de se rendre à cette invitation, ils nomment une délégation de cinq membres, qui devront se rendre à la réunion. Les noms de ces cinq personnes sont publiés le lendemain matin dans les journaux de la localité; ils sont ainsi portés à la connaissance du juge de paix. Celui-ci pourra donc les convoquer nommément et, en cas de non-comparution, la pénalité pourra leur être appliquée. Vous pouvez être à peu près certain que, dans la plupart des cas, lorsque cinq ouvriers auront été délégués par leurs camarades, ils se rendront à l'appel du juge de paix. Ils n'auraient aucune bonne raison d'agir autrement. Par conséquent, dans cette hypothèse, la loi sera respectée du côté ouvrier.

Autre hypothèse. Une première invitation du juge de paix n'a pas abouti. Quelque temps après, les circonstances deviennent favorables à la conciliation. Les dirigeants du conflit sont connus. Le juge leur adresse personnellement une convocation, conformément à la loi. Dans ce cas, le refus de comparaître serait manifeste et la peine pourrait être appliquée.

M. Gide pourrait donc accepter comme nous l'obligation de la tentative de conciliation, étant entendu que la sanction ne peut s'appliquer qu'à une personne directement intéressée et nommément convoquée.

M. Razous. — Je vous prie de m'excuser, Messieurs, de reprendre la parole, mais c'est au point de vue du principe de la conciliation obligatoire. Je sens que, dans la salle, la plus grande partie, tout au moins un grand nombre d'entre vous, se posent cette question : il y a une sanction qui sera applicable aux patrons, s'ils ne recourent pas à la conciliation, mais quelle sera la sanction qui sera applicable aux ouvriers ?

Tout à l'heure, notre éminent président a mis en évidence que la sanction applicable aux ouvriers n'existait pas la plupart du temps, mais il y a pourtant certains cas où une sanction pourrait être prononcée. Par exemple, en cas de rupture de contrat, de grève sans qu'on ait eu recours à la conciliation obligatoire, des dommages et intérêts pourraient être accordés au patron.

Il est évident que, souvent, les ouvriers seront dans l'impossibilité de les payer, mais la conciliation se produira à un moment donné, et le juge de paix pourra précisément, pour amener les parties à composition, décider le patron à faire gracier ses ouvriers des dommages qui lui ont été accordés. (*Protestations.*)

En tout cas, je crois qu'il peut y avoir une sanction aussi bien pour les ouvriers que pour les patrons.

M. LE PRÉSIDENT. — Je vous demande la permission, puisque M. Razous m'a mis en cause, de répondre d'un mot à ce qu'il vient de nous dire, et qui n'est pas tout à fait ma pensée.

J'ai dit tout à l'heure — et j'en suis convaincu et je crois que tout le monde est d'accord avec moi sur ce point — qu'on ne peut pas compter sérieusement obtenir d'ouvriers, individus ou associations, des dommages-intérêts pour réparer un préjudice causé à l'employeur. Mais ce n'est pas la question ; il s'agit, en ce moment, purement et simplement d'une convocation devant le juge de paix. Je réponds alors à la question que nous posait l'honorable M. Gide, en lui disant que ce que prévoit dans son texte même M. Fagnot me paraît tout à fait simple et applicable à tout le monde. Toute personne directement intéressée dans un conflit, qui est convoquée par le juge de paix pour une tentative de conciliation, doit, sous peine d'amende, se rendre à la convocation. Si elle ne s'y rend pas, elle sera condamnée à une amende, qui peut, d'ailleurs, être de 5 à 16 francs. Dans ces conditions, ces amendes seront certainement recouvrables, soit pécuniairement, soit par la voie de la contrainte par corps, aussi bien contre un ouvrier que contre un patron.

Je ne crois pas qu'à ce point de vue il y ait aucune difficulté matérielle à ce que la tentative de conciliation obligatoire soit mise en application vis-à-vis des deux parties.

M. LORIN. — Je voulais demander qu'on nous donne lecture des vœux de M. Aftalion ; ils sont très précis, et ils pourraient peut-être résoudre les difficultés en présence desquelles nous nous trouvons.

En tout cas, nous serions heureux de savoir ce que M. Fagnot en pense.

M. MARION. — J'ai demandé la parole pour dire un mot à propos de la rédaction de M. Aftalion, où il est dit : « Il ordonnera la comparution des parties ou de leurs mandataires qui seront... », etc.

Vous savez que le mot mandataires, en droit, a un sens extrêmement précis ; on devra donc considérer que la conciliation, ayant eu lieu entre les employeurs, d'une part, et les personnes qu'aura convoquées le juge de paix, sous sa responsabilité, sera valable vis-à-vis de la partie ouvrière. Il me semble qu'il y a autre chose qu'une question de droit, il y a aussi une question de pouvoir, pour ne pas dire autre chose.

M. LE PRÉSIDENT. — Nous discutons, en ce moment,

d'une façon tout à fait générale et dans le but de savoir si nous devons demander l'obligation de la tentative de conciliation. En présence des divergences qui existent entre les propositions des trois rapporteurs, je voudrais leur demander si, d'ici la prochaine réunion, ils ne pourraient pas se mettre d'accord sur un texte commun ; je crois que cela ne leur sera pas bien difficile et cela simplifiera beaucoup les choses. S'il est très agréable d'avoir trois rapporteurs, il est excessivement difficile de discuter sur trois textes à la fois.

Par conséquent, si l'assemblée veut bien se prononcer sur le principe que je lui ai indiqué, à savoir si la tentative de conciliation doit être rendue obligatoire, les rapporteurs n'auront plus qu'à se mettre d'accord sur un texte.

M. Arquembourg. — Je voudrais répondre un mot à la question posée par M. Gide. Je l'ai presque traitée dans mon rapport et il ne m'avait pas échappé qu'il y avait là une difficulté. Mais je crois qu'elle est d'ordre plus théorique que pratique.

Or, nous cherchons en ce moment une solution pratique ; nous voulons que la loi s'applique le plus souvent possible : nous voulons surtout amener le plus souvent possible le patron en présence de ses ouvriers. Je dis que la difficulté est moins considérable en réalité qu'elle nous semble l'être. Si nous nous reportons aux statistiques, nous verrons que la loi est très souvent invoquée par les ouvriers ; que, du côté patronal, il y a, au contraire, une sorte d'indifférence absolue. Par conséquent, quoique paraissant parler au nom des patrons, puisqu'on l'a mentionné sur l'ordre du jour, j'estime cependant qu'il est surtout nécessaire d'obliger les patrons à se servir de la loi. Il n'y a donc aucune difficulté de ce côté-là car, s'il y a une sanction, elle peut très bien s'appliquer.

J'estime également qu'il ne faut pas qu'une loi soit unilatérale, qu'elle frappe toujours du même côté, et je vais examiner s'il y aurait possibilité de la faire frapper également du côté des ouvriers.

Or, j'estime que, de ce côté là, il y a possibilité de le faire. M. Fagnot, avec sa grande expérience des questions de grève, vous a dit ce qui se passait d'une façon générale. Eh bien, dans la plupart des cas, il y a des délégués qui sont connus du juge de paix ; par conséquent, celui-ci ne s'en tiendra pas à une simple convocation vague par voie d'affiche. Il pourra faire une convocation directe aux délégués élus par les ouvriers.

Je sais bien qu'il pourra se produire quelques cas isolés où les ouvriers n'auront pas élu de délégués. Dans ces cas-là, je dis que nous pouvons encore faire fonctionner la loi et la sanction. C'est pour cela que dans le vœu que nous avons émis, soit M. Fagnot, soit moi-même, nous n'avons pas dit que l'on convoquerait les mandataires des ouvriers, nous avons dit que l'on convoquerait les intéressés dans le conflit. Nous estimons que le juge de paix a le droit, étant donné qu'il y a des ouvriers en grève dans un établissement, de choisir lui-même parmi ces ouvriers quels sont ceux qu'il convoquera devant lui pour tâcher d'établir des rapports entre patrons et ouvriers. Ce ne sont pas des mandataires des ouvriers, ce seront des ouvriers intéressés dans le conflit.

Je dis que ces ouvriers ont le devoir de répondre aux convocations qui leur seront adressées, quand bien même elles apporteraient quelque trouble, car leur devoir consiste à servir l'intérêt général de tous les ouvriers. Par conséquent, s'ils veulent échapper à ce devoir, il est tout naturel que la société se réserve le droit de les frapper, de sanctions légères, si vous le voulez, mais cependant d'une certaine sanction.

M. Motteau. — Je crois qu'il ne faut pas trop s'exagérer les difficultés, car en pratique l'essai de conciliation arrangera bien des choses. Nous avons ici des praticiens et je suis sûr qu'ils seraient de mon avis, nous avons, en particulier, M. Joly : le président du tribunal lui envoie 275 affaires et il en concilie 250. Par conséquent, nous pourrions ne pas trop nous occuper des questions de détail.

M. le Président. — Je vais mettre aux voix le principe de l'obligation de la conciliation.

M. Boyer. — Nous accepterions volontiers la conciliation avant la grève, nous disait tout à l'heure M. Despagnat. J'ajoute : « Devons-nous l'accepter lorsque la grève est prononcée ? » C'est une question que je pose, et je demanderai qu'elle donne lieu à une distinction.

M. le Président. — Présentez-nous une proposition et je la mettrai aux voix.

M. Boyer. — Je suis d'avis d'admettre la tentative de conciliation avant le conflit et de laisser ensuite à la grève son caractère de rupture de contrat.

M. Jay. — Je tiens à faire remarquer à M. Boyer que la question de rupture de contrat n'a rien à faire ici. Par le fait que la tentative de conciliation serait obligatoire, une fois même la grève déclarée, nous ne préjugerions en aucune façon de la solution à intervenir. Il n'y a aucun lien entre ces deux points.

M. le Président. — Vous estimez alors, Monsieur, que si les ouvriers ont quitté l'usine, il n'y a plus intérêt à faire une tentative de conciliation ?

M. Boyer. — Je suis très partisan de la conciliation

avant le conflit, je le suis moins lorsque celui-ci a éclaté.

M. LE PRÉSIDENT. — Nous sommes d'accord; nous savons parfaitement qu'il vaut mieux faire la conciliation avant la grève, car nous reconnaissons que, lorsque le conflit est engagé, on a beaucoup moins de chances de réussir; mais, néanmoins, nous pensons qu'il y a tout de même lieu d'y avoir recours.

M. BOYER. — Mais je désirerais que nous fassions bien voir la différence.

M. AFTALION. — Je ne vois aucun inconvénient à ce que nous donnions satisfaction à M. Boyer; mais il est bien entendu que d'une façon comme d'une autre, dans notre esprit, nous ne voulons pas dire à l'avance si la grève est ou non une rupture de contrat.

M. GAVELLE. — Je crois que nous sommes tous d'accord sur le principe. Notre sentiment est que la conciliation est désirable avant la grève et qu'elle l'est encore après.

Mais je suis partisan de dire que, si la conciliation est obligatoire, la non-existence d'un essai de conciliation avant la grève entraînera une sanction. Quiconque manque à l'obligation exprimée dans la loi commet une faute et doit en subir les conséquences.

M. LE PRÉSIDENT. — Je vais mettre aux voix ce texte : La tentative de conciliation est obligatoire. Puis, une fois que l'assemblée se sera prononcée, pour être agréable à notre collègue, M. Boyer, je mettrai aux voix cette addition : « Toutefois, elle n'est pas obligatoire une fois le travail suspendu ».

M. GAVELLE. — Cela ne me donne pas satisfaction ; si vous dites que la conciliation sera obligatoire, il faut que vous prévoyiez une sanction. Il est certain que, suivant que la grève aura été faite avec ou sans tentative de conciliation, elle ne devra pas avoir le même caractère pour les ouvriers.

M. LE PRÉSIDENT. — Ce sont deux questions différentes. On peut très bien répondre, à la question que j'ai posée sans s'occuper de ces détails que nous réglerons par la suite.

Nous allons procéder ainsi : que ceux qui sont partisans que la comparution devant le juge soit rendue obligatoire veuillent bien le manifester en levant la main ?

Avis contraire, il n'y en a pas. Le principe est adopté.

M. Boyer demande que nous ajoutions: toutefois, cette comparution ne sera pas obligatoire une fois le travail suspendu. Que ceux qui en sont partisans veuillent bien lever la main ?

Avis contraire ? La grande majorité de la réunion. Par conséquent, cette proposition est repoussée.

La suite des débats est renvoyée à la prochaine réunion qui aura lieu le 27 avril et je prierai MM. les rapporteurs de bien vouloir se mettre d'accord sur un texte unique.

La séance est levée.

Assemblée générale du 27 avril 1911

Présidence de M. MILLERAND

M. ARQUEMBOURG. — J'ai demandé la parole pour une simple explication. A la dernière séance, au moment de voter, j'avais demandé la parole pour expliquer le vote que j'allais émettre. L'heure étant très avancée, j'ai été obligé de m'abstenir de parler, mais je demande aujourd'hui à ajouter quelques mots.

Je me félicite d'avoir été obligé d'attendre, car j'ai causé avec quelques-uns de mes amis des observations que je voulais présenter et je crois pouvoir aujourd'hui parler non plus seulement en mon nom personnel, mais aussi au nom d'un certain nombre de personnes.

Je veux vous entretenir de notre vote au sujet de la proposition Boyer. Comme M. le président Millerand l'a fort bien dit, elle demandait la conciliation obligatoire avant la grève, mais cette conciliation cessait d'être obligatoire après le conflit.

L'idée qui avait dicté cette proposition ne nous a pas échappé; c'était évidemment celle-ci: lorsqu'il n'y a pas cessation de travail, lorsqu'il n'y a pas grève, lorsqu'il existe un simple différend, le contrat de travail subsiste. Par conséquent, la tentative de conciliation se comprend. Quand au contraire, il y a une grève, d'après la théorie que j'ai soutenue moi-même, théorie qui est adoptée actuellement par la jurisprudence, le contrat de travail se trouve rompu. Il n'y a donc plus de tentative de conciliation possible sur un contrat qui n'existe plus.

La proposition de M. Boyer, en se plaçant à ce point de vue, est logique et, comme je l'avais soutenue, il semblait logique que je vote pour cette proposition. Si je ne l'ai pas fait, voici les motifs qui m'ont guidé. C'est qu'il est bon de ne pas se placer toujours dans le domaine de la théorie, mais au contraire de se placer dans le domaine de la pratique. Ce que nous voulons avant tout, c'est chercher un terrain de conciliation entre deux éléments qui sont en lutte. J'ai dit dans mon rapport que très souvent des pourparlers étaient engagés entre patrons et ouvriers à la suite d'une grève et que certains concluaient même que le patron ne considérait pas le contrat comme rompu. J'ai reproché aux patrons de n'avoir pas établi plus souvent la rupture du contrat de travail ; mais j'ai reconnu que ces pourparlers se comprenaient, qu'ils étaient tout naturels puisque les deux parties avaient besoin l'une de l'autre.

J'ai dit aussi, dans mon rapport, que si je n'admettais pas l'arbitrage obligatoire, c'est-à-dire que si je n'admettais pas que, pour la conclusion d'un contrat de travail, on s'en rapporte à une tierce personne qui n'avait pas qualité pour cela, je reconnaissais cependant que l'intervention d'une tierce personne était quelquefois utile pour établir un accord et c'est dans cet esprit-là que nous avons considéré qu'une tentative de conciliation, même après la déclaration de la grève, pouvait être utile.

C'est dans cet esprit-là que nous avons voté contre la proposition de M. Boyer qui n'admettait pas la tentative de conciliation après la grève, sans abandonner en quoi que ce soit les principes que j'ai exposés dans mon rapport et qui ont été approuvés par plusieurs de mes amis, qui cependant ont voté comme moi contre la proposition de M. Boyer.

J'ai cru qu'il était nécessaire de faire cette déclaration pour bien préciser quelle était la portée de notre vote.

M. LE PRÉSIDENT. — Vos explications figureront au procès-verbal.

J'arrive maintenant à ce que nous avions demandé à nos trois rapporteurs à la fin de la dernière séance. Nous les avions priés de se mettre d'accord sur des résolutions communes. Ils y sont arrivés et voici les premières résolutions qu'ils proposent :

« Dans un conflit d'ordre collectif, toute personne convoquée par le juge de paix pour une tentative de conciliation doit, sous peine d'amende, se rendre à la convocation, sauf excuse valable.

« L'excuse est valable notamment lorsque des négociations sont entamées entre les parties ou leurs représentants. Un extrait du jugement rendu par application du premier paragraphe sera affiché dans les conditions fixées par l'article 12 de la loi. »

Par conséquent, la proposition des rapporteurs pose le principe de l'obligation de se rendre à la convocation du juge de paix, sous peine d'amende et sauf excuse valable.

Quelqu'un demandé-t-il la parole sur cette proposition ?

M. JAY. — Je voudrais demander aux rapporteurs ou à l'un d'entre eux de nous expliquer quelle place cette résolution tiendrait dans l'ensemble de celles qui nous ont été proposées.

M. LE PRÉSIDENT. — C'est le premier vœu.

M. AFTALION. — Nous divisons nos propositions en deux catégories : 1° la tentative de conciliation obligatoire ; 2° les conseils de conciliation. Le texte qui vient d'être lu serait le premier article de la première catégorie de nos propositions.

M. LEGOUEZ. — Sur ce premier paragraphe, nous aurions une explication à demander. Nous voudrions savoir pour quel motif, que nous ne nous expliquons pas, on a fait disparaître du texte primitif les mots « directement intéressés. » On lisait autrefois « toute personne directement intéressée. » Je crois que ceci a son importance.

Il y a un autre point qui rentre dans les considérations de M. Arquembourg, c'est la question de la rupture du contrat de travail. A cet égard, pour être logiques avec les considérations qui nous ont été soumises, nous sommes amenés à proposer un amendement au texte soumis.

Ce texte dit: « L'excuse est valable notamment lorsque des négociations sont engagées entre les parties ou leurs représentants. » Nous voudrions que, lorsqu'il y a rupture du contrat de travail, celle-ci constitue également une excuse valable. Il nous paraît difficile que le patron, par exemple, s'il s'agit d'une grève, ou l'ouvrier, s'il s'agit d'un lock-out, qui a été victime d'une rupture du contrat de travail, qui peut, au point de vue de ceux qui soutiennent cette thèse, réclamer des indemnités pour rupture de contrat, se trouve dans cette situation exposé encore à une amende sans même obtenir les indemnités qu'il pourrait réclamer.

Nous demanderions donc que l'on ajoute à ce dernier paragraphe des excuses valables : « Lorsque le contrat aura été rompu sans tenir compte du préavis. »

M. LE PRÉSIDENT. — Si vous le voulez bien, nous allons d'abord voter sur le premier paragraphe. La proposition de M. Legouez viendra plus utilement au second paragraphe qui s'occupe de l'excuse.

Je vais vous rappeler le premier paragraphe de la première proposition:

« Dans un conflit d'ordre collectif, toute personne convoquée par le juge de paix pour une tentative de conciliation doit, sous peine d'amende, se rendre à la convocation, sauf excuse valable. »

Nous définirons ensuite les excuses valables. M. Aftalion a la parole.

M. AFTALION. — C'est à ma demande que les mots : « directement intéressée » ont été supprimés. J'ai en effet l'intention de vous proposer, après ce premier article, un autre article où je vous demanderai de décider que des dirigeants des syndicats puissent figurer parmi les personnes convoquées par le juge de paix ou délégués par les parties.

Il se peut que certains d'entre nos collègues soient hostiles à l'intervention des syndicats ; je crois que la discussion sur ce point pourra avoir lieu plus utilement lorsque vous sera soumis le texte qui visera cette intervention des syndicats. Pour le moment cette question serait réservée.

M. MOTTEAU. — Dans les vœux de M. Aftalion il est dit : « Avis de toute cessation de travail devra être donnée dans les 24 heures au juge de paix par l'employé, sous peine d'amende de 1 à 5 francs ». Est-ce que vous maintenez ce texte ?

M. LE PRÉSIDENT. — Cela viendra tout à l'heure. Y a-t-il d'autres observations sur le paragraphe premier ? Est-ce que vous demandez le maintien des mots « directement intéressée », Monsieur Legouez ?

M. LEGOUEZ. — Parfaitement.

M. LE PRÉSIDENT. — Je vois un autre avantage à la suppression de ces mots. Il s'agit en ce moment d'une tentative de conciliation, c'est-à-dire d'une procédure qui peut avoir — nous l'espérons du moins — d'heureux effets, mais qui, en soi, n'a aucune importance décisive, puisqu'elle ne peut aboutir à aucun résultat que par le consentement des parties.

Etant donné ce point de départ, il me paraît, quant à moi, qu'il y a tout avantage à laisser aussi large que possible le cercle où peut se mouvoir le juge de paix qui préside la tentative de conciliation et est en même temps responsable, moralement au moins, de la réussite de cette tentative, qui doit donc, dans l'esprit de la loi, tout faire pour qu'elle aboutisse.

Si vous mettez qu'il n'a le droit de convoquer que toute personne directement intéressée, cela revient à dire que toute personne qui ne se jugera pas directement intéressée dans le débat pourra ne pas se rendre à la convocation sans encourir d'amende.

Vous créerez donc un risque de conflit, de discussion qui, à mon avis, est sans grand intérêt.

En effet, quel est le risque que vous courez en supprimant les mots « directement intéressée ». C'est qu'une personne qui n'est pas directement intéressée pourra être convoquée par le juge de paix et qu'elle devra se rendre à la convocation. Mais cela me paraît avoir beaucoup moins d'inconvénients que la possibilité, donnée à toute personne qui sera convoquée par le juge de paix, d'épiloguer sur la question de savoir si elle est ou non directement intéressée et de créer ainsi des incidents dans une procédure dont le premier mérite doit être la rapidité.

Je vous demande pardon de ces observations, mais il me semblait de quelque utilité de les faire pour justifier la suppression qui avait été demandée par les rapporteurs.

Je vais mettre aux voix le maintien des mots « directement intéressée ».

M. LEGOUEZ. — Je me rallie à la proposition de M. Aftalion de réserver la question pour une discussion ultérieure.

M. LE PRÉSIDENT. — Je mets aux voix le premier paragraphe que je vous ai lu tout à l'heure. Il n'y a pas d'avis contraire ?

Le premier paragraphe est adopté. Il est ainsi conçu :

« *Dans un conflit d'ordre collectif, toute personne convoquée par le juge de paix pour une tentative, de conciliation doit; sous peine d'amende, se rendre à la convocation, sauf excuse valable.* »

Nous arrivons maintenant à la définition de l'excuse valable. Les rapporteurs proposent ce paragraphe :

« *L'excuse est valable notamment lorsque des négociations sont engagées entre les parties et leurs représentants* ».

Y a-t-il des observations sur cette première partie ? Si personnne ne présente d'observations, je mettrai cette proposition aux voix, puis ensuite celle présentée par M. Legouez.

La première partie est adoptée.

M. Legouez propose d'ajouter : « L'excuse est valable lorsque le contrat de travail aura été rompu sans tenir compte du préavis de la convention ou de l'usage ».

M. AFTALION. — Je demanderai très énergiquement le rejet de cette addition. La réforme que nous proposons est une réforme de portée assez modeste qui n'impose aucune obligation bien pénible aux parties, qui leur demande simplement d'accepter de se rencontrer pour tâcher de se mettre d'accord. Si vous y introduisez des causes, d'excuses valables, que restera-t-il de votre réforme ? Il serait sans doute désirable que des grèves brusques n'aient pas lieu. En fait, ces grèves brusques sont très fréquentes. Si vous supprimez dans ces grèves la comparution obligatoire, c'est presque comme si vous rejetiez entièrement notre proposition. J'ajoute que même en cas de grève brusque je n'arrive pas à comprendre l'inconvénient qu'il peut y avoir pour des employeurs à se trouver en présence des représentants de leurs ouvriers afin de mettre le plus rapidement fin à la grève.

M. Fagnot. — Voulez-vous me permettre d'ajouter un mot à ce que vient de dire M. Aftalion.

Il faut d'abord tenir compte de ce fait que, dans un grand nombre d'industries, le délai-congé n'existe ni d'après la convention, ni d'après l'usage. Par conséquent, votre texte ne porte pas dans ces cas-là.

Dans les autres cas, votre addition laisse entière la question, qui est très discutée dans la doctrine et dans la jurisprudence, de savoir si la grève est une suspension ou une rupture du contrat de travail.

Je sais bien que dans la jurisprudence il y a un arrêt de cassation qui déclare que la grève entraîne la rupture du contrat et met les conséquences de celle-ci à la charge de l'ouvrier; cependant, en certains cas particuliers, des tribunaux ne se sont pas prononcés dans le même sens, parce que l'espèce ne se présentait pas dans les conditions fixées par l'arrêt de la Cour suprême...

M. Fournière. — Regardez le Dalloz...

M. Fagnot. — Vous y verrez qu'il y a des cas douteux.

En tout cas, ce que je voulais faire remarquer à M. Legouez, c'est que les droits juridiques du patron envers lequel le délai-congé n'a pas été respecté subsistent dans notre système.

La rupture du contrat, les indemnités qui peuvent en découler constituent un aspect de la question, la conciliation, la recherche de la paix entre les parties en est une autre essentiellement différente.

Pour le moment, nous ne posons même pas la question de savoir si, lorsque le travail sera repris, ce seront les mêmes ouvriers qui travailleront avec le patron. Très souvent, en effet, dans la pratique, les grèves se terminent par la reprise d'une partie des ouvriers avec l'embauchage de nouveaux ouvriers. Par conséquent, le point que vous soulevez comme devant être une excuse valable vient compliquer d'une manière très grave le paragraphe dont nous nous occupons.

En tout cas, le texte que nous avons proposé n'enlève rien aux droits du patron en ce qui concerne le délai-congé, et, dans ces conditions, nous vous demandons d'abandonner votre texte.

M. Motteau. — Je suis d'accord avec M. Aftalion et M. Fagnot ; je vais même plus loin, je proposerai que la grève soit considérée comme une suspension de travail jusqu'au moment où le juge de paix indiquera une solution, et ceci dans le but d'amener tous les patrons et tous les ouvriers à en appeler au juge de paix. De cette façon, nous aurons de bonnes solutions.

Cette solution sera signifiée aux représentants des parties avec un délai pour faire connaître s'ils acceptent ou non.

Le contrat de travail étant considéré comme suspendu, les patrons et les ouvriers auront toujours intérêt à venir devant le juge de paix ; et c'est de cette façon, je crois, que l'on peut trouver la meilleure solution.

M. Arquembourg. — C'est tout à fait différent.

M. Legóuez. — Malgré les observations très complètes présentées par M. Fagnot, je persiste à penser que l'addition que nous vous demandons d'adopter est utile et n'a pas la gravité qu'on lui donne. Il ne faut pas se dissimuler que dans le monde patronal il y a de grosses hésitations. Nous sommes ici un certain nombre de patrons qui sommes certainement des avancés — qui sommes très avancés — et je vous assure qu'il ne faut pas effrayer nos collègues si vous voulez les attirer à vous. Il est certain que ce n'est pas l'amende qui aura un grand poids auprès du patron. Il faut que vous l'attiriez par d'autres moyens et surtout que vous ne l'éloigniez pas. Il est certain que si, sous une forme directe ou indirecte, le patron ne trouve pas quelque chose qui lui rappelle cette thèse à laquelle il tient de la rupture du contrat de travail, il considérera la loi comme une loi dirigée contre lui et n'apportera aucune bonne volonté à son application.

Je crois donc que c'est de la sagesse que de lui donner une satisfaction morale qui l'attirera et le poussera à entrer dans la voie de la conciliation que nous désirons tous.

M. LE PRÉSIDENT. — Je me rends très bien compte des considérations très importantes que vient d'invoquer en dernier lieu M. Legouez, et pour ma part — c'est une opinion tout à fait personnelle — je ne verrais aucun inconvénient à dire dans le texte du projet que la convocation par juge de paix et la procédure de conciliation d'une manière plus générale ne portent aucune atteinte aux droits du patron de demander, s'il le juge convenable, des dommages-intérêts aux ouvriers qui l'ont quitté pour brusque rupture du contrat de travail. Ceci pour réserver les droits qu'à tort ou à raison le patron croit pouvoir faire valoir.

Ceci dit, je considère que, malgré la modestie de M. Legouez, son amendement a une portée très grave. Qu'est-ce qu'il veut dire ? Il veut dire ceci : la tentative de conciliation est obligatoire; toutefois, elle ne l'est pas en cas de grève. Eh bien, comme il n'y a d'utilité à la tentative de conciliation neuf fois sur dix qu'en cas de grève, l'amendement revient purement et simplement à supprimer dans le second paragraphe la tentative qu'on a déclarée obligatoire dans le premier.

J'ajoute que l'amendement a une autre conséquence non moins grave : c'est la première fois que non pas dans un arrêt qui applique purement et simplement les lois existantes, qui les interprète bien ou mal, mais qui les applique, ce serait la première fois que dans une loi on dirait que la grève rompt tout lien entre les ouvriers et leurs employeurs...

M. Fournière. — Ce serait une homologation de la jurisprudence.

M. le Président. — En effet, ce serait une homologation rendue dans des conditions particulièrement fâcheuses. Je n'ai pas besoin de dire une fois de plus que je considère que nous devons tout faire pour prévenir ou pour éviter les grèves. Nous n'avons pas besoin de faire ici de profession de foi. En ce moment, qu'est-ce que nous tentons ? Comme le disait tout à l'heure M. Aftalion, nous essayons de faire quelque chose de très prudent et de très simple en nous tenant dans les cadres de la législation existante. Nous essayons de donner un peu plus de force et de valeur, si possible, à la tentative de conciliation qui existe dans la loi de 1892, en la rendant obligatoire.

Il n'est pas douteux que si, en même temps, vous dites que cette tentative n'est pas obligatoire en cas de grève, il vaut beaucoup mieux ne rien faire du tout, non seulement parce que votre tentative de conciliation n'a plus d'utilité, mais encore parce que votre projet, dont le but est d'atténuer autant que faire se peut les effets des grèves, apparaît, ce qui n'est pas du tout, je le sais bien, dans les intentions des auteurs de l'amendement, comme une attaque contre les ouvriers qui font grève.

Dans ces conditions, il n'est pas douteux que l'amendement que l'on vous présente a en soi et par ses conséquences une portée sur laquelle il faut être fixé avant de passer au vote.

M. Motteau. — Si on l'acceptait, ce serait la suppression de la loi de 1892.

M. Jay. — Je ne crois pas que la proposition de M. Legouez ne fasse que consacrer la jurisprudence. Il n'est point certain que la jurisprudence doive nécessairement, dans tous les cas, voir dans la grève une rupture du contrat de travail.

Il y a un cas qui ne s'est pas encore présenté devant la jurisprudence, mais qui peut très bien se rencontrer dans la réalité ; c'est le cas d'une grève destinée à faire respecter le contrat de travail. Il serait bien difficile, ce me semble, de voir dans une pareille grève une rupture du contrat.

M. Legouez veut réprimer une faute. On peut examiner la question avec impartialité. Car la question peut déjà se poser et, selon toute probabilité, se posera encore davantage dans l'avenir, pour les patrons comme pour les ouvriers. Passez la frontière ; on a publié ces jours-ci la statistique des conflits du travail en Allemagne en 1910 ; on constate que les lock-out, c'est-à-dire les grèves patronales, comme nous disons en France, ont eu, en Allemagne, en 1910, une importance plus grande que les grèves ouvrières...

M. Sayous. — Les patrons allemands respectent le

préavis ; ce préavis en Allemagne rend des services indiscutables.

M. JAY. — Je suis sur ce point de votre avis. Tout ce que je prétends, c'est que l'exemple de l'Allemagne permet de prévoir une augmentation de l'importance des grèves patronales et qu'en fait, par conséquent, la question juridique pourra se poser de plus en plus aussi bien en ce qui concerne les patrons qu'en ce qui concerne les ouvriers.

Pouvons-nous dire que toute rupture brusque constitue une faute ? Certainement non. Il y a des cas où le patron aura le droit de renvoyer brusquement un ouvrier si, par exemple, celui-ci se rend coupable de certains délits graves. Inversement, est-ce que vous croyez que l'ouvrier dont l'honneur serait en danger dans un atelier ne pourrait pas le quitter sur-le-champ, rompre brusquement son contrat sans commettre une faute ? La situation juridique serait encore la même si, dans des hypothèses de ce genre, la rupture avait un caractère collectif. Il ne se trouverait pas un tribunal au monde pour déclarer que, dans des cas pareils, la cessation brusque du travail constitue une faute.

Il est dangereux de permettre de tirer une cause d'excuse de faits dont l'appréciation peut être aussi difficile, surtout alors que nous voulons faire aussi rapide que possible la procédure que nous organisons.

Ce serait compliquer singulièrement l'application de la loi.

Je ferai appel aussi à un autre sentiment. Pourquoi certains patrons entrent-ils — je suis heureux de le constater — dans la voie où les rapporteurs nous demandent de nous engager ? C'est dans une large pensée de pacification sociale, c'est pour éviter aux ouvriers, au pays tout entier les dommages que causent les grèves. Eh bien ! n'est-il pas grave de soustraire toute une catégorie de conflits à l'action bienfaisante de la loi que vous préparez ? Alors même qu'il y aurait une faute, convient-il de la punir en rendant plus difficile, plus impossible peut-être, une conciliation désirable dans l'intérêt du pays tout entier ?

M. BOYER. — Je ne considère pas la proposition de M. Legouez comme une punition infligée à qui que ce soit, mais comme une garantie donnée aux deux parties.

On vous a dit que le préavis rendait de grands services en Allemagne ; je crois qu'il en donnerait aussi de très grands en France ; la proposition de M. Legouez ne vise que ce but-là.

M. FAGNOT. — Elle a d'autres conséquences.

M. FOURNIÈRE. — Ce sera un but qui ne sera pas atteint par la proposition.

M. FAGNOT. — Permettez-moi de vous dire que la question du délai-congé est plutôt liée à la question de la grève qu'à celle que nous discutons aujourd'hui. D'ailleurs, nous avons déjà discuté — nous n'avions pas alors le plaisir de vous avoir parmi nous — nous avons déjà discuté pendant une année entière, il y a trois ans, la question du contrat de travail, la question du délai-congé, de la rupture et de la grève ; eh bien ! toutes ces questions sont essentiellement différentes de la conciliation. Si vous voulez parler du délai-congé, mais nous sommes tous du même avis ; nous savons parfaitement qu'en Angleterre le préavis est d'usage absolu, constant et qu'il y rend, aux syndicats ouvriers les plus ardents comme à l'industrie elle-même, les plus réels services. Le préavis anglais est de quatorze jours en général ; il y a même des syndicats qui préviennent les patrons un mois à l'avance ; il y a même des conventions anglaises qui prévoient la dénonciation un an à l'avance.

Nous avons vu que cette coutume rend d'excellents services, mais encore une fois ce n'est pas la même question que celle qui nous préoccupe aujourd'hui. Si vous introduisez dans le texte que la cessation du travail sans préavis est une rupture du contrat de travail, vous renversez tout ce que nous voulons faire actuellement.

M. LE PRÉSIDENT. — Je voudrais, avant de mettre aux voix l'amendement de M. Legouez, vous soumettre, sous une forme que je livre à la discussion de l'assemblée, une proposition.

Le but de l'amendement qui nous est proposé est de donner satisfaction aux scrupules qu'exprimait, au début de la séance, au nom d'un certain nombre de patrons, M. Arquembourg, en disant qu'il craignait que l'acceptation de la conciliation obligatoire et de la comparution du patron après la grève devant le juge de paix ne parût impliquer de sa part la reconnaissance du droit des ouvriers de rompre sans préavis le contrat de travail et la renonciation de sa part au droit de demander des dommages-intérêts ultérieurement.

C'est pour répondre à ces scrupules que, si l'on écartait la proposition qui nous est faite, on pourrait peut-être adopter une proposition dans le genre de celle-ci :

« La comparution des parties devant le juge de paix dans la procédure de conciliation n'implique point de leur part renonciation au droit de poursuivre devant la juridiction compétente réparation du dommage qui aurait été causé par la rupture du contrat de travail. »

Ceci de façon à maintenir le droit des deux parties de demander des dommages et intérêts s'il y a eu rupture.

M. Lorin. — Je demanderais que l'on mette dans le texte : « par la cessation du travail ». En mettant « par la rupture du contrat de travail », vous soulevez une grosse question juridique. Je préférerai de beaucoup que vous mettiez « par la cessation du travail », parce que cela c'est un fait.

M. le Président. — Il y aurait lieu de mettre : « Par la brusque cessation du travail »,

M. Legouez. — Je crois que c'est une garantie morale qui ferait beaucoup d'effet auprès des patrons.

M. le Président. — Je mets la proposition aux voix. Il n'y a pas d'opposition ?

Elle est adoptée. En voici le texte :

La comparution des parties devant le juge de paix dans la procédure de conciliation n'implique point, de leur part, renonciation au droit de poursuivre, devant la juridiction compétente, réparation du dommage qui aurait été causé par la brusque cessation du travail.

M. le Président. — Nous passons maintenant au dernier paragraphe de la première proposition en ce qui touche la tentative obligatoire de conciliation proposée par les rapporteurs :

« Un extrait des jugements rendus par application du premier paragraphe sera affiché dans les conditions fixées par l'article 12 de la loi ».

Est-ce que le mot jugement est bien celui qui convient ?

M. Razous. — C'est « décision » plutôt qu'il faudrait mettre ; c'est le mot qui existe dans la loi de 1892.

M. Fagnot. — Pas du tout.

M. RAZOUS. — Alors, je crois qu'il y a ambiguïté, car l'article 12 de la loi parle de l'affichage des décisions prises par le juge de paix. Il serait préférable de rendre notre texte plus explicite en mettant : « dans les conditions de l'article 12 de la loi en ce qui concerne le jugement en cas de défaut ».

A ce point de vue, il y a une question que je ne comprends pas très bien. Supposons que l'un des éléments, l'élément ouvrier, par exemple, ne se présente pas à la convocation et allègue qu'il y a un commencement d'accord, de conciliation et que ce commencement de conciliation n'existe pas. Supposez encore que le même fait se produise du côté de l'élément patronal, quelle sera la situation du juge de paix ? Pourra-t-il continuer les pourparlers commencés ?

Je ne voudrais pas revenir sur une partie déjà votée, mais le fait de la valabilité de l'excuse lorsque des négociations sont engagées, c'est-à-dire la possibilité pour l'une des parties de ne pas se présenter, cette excuse n'est-elle pas nuisible ?

M. FAGNOT. — Cela nous ramène au deuxième paragraphe déjà voté.

M. RAZOUS. — Je m'en excuse, mais ce troisième paragraphe nécessite des explications et des commentaires qui, je le comprends très bien, nous ramènent au deuxième paragraphe. Je demanderais des explications sur ce point au rapporteur.

M. FAGNOT. — En ce qui concerne le deuxième paragraphe, si nous l'avons libellé dans la forme dans laquelle nous vous l'avons présenté, en voici les raisons.

L'idée de fond, c'est que le juge de paix, comme un tiers quelconque, n'a toujours qu'une valeur complémentaire et accessoire ; c'est que les négociations entreprises spontanément, volontairement, par les parties sont supérieures à toutes autres dans les conflits collectifs ; c'est que le juge de paix, qui a fait poser son affiche ou qui a convoqué pour ce soir cinq personnes, ne peut pas savoir si des négociations ont été entamées, soit entre le patron et les ouvriers, soit entre une collectivité plus grande, et que, si le juge l'avait su, il n'aurait pas lancé sa convocation.

Comme nous pensons que, lorsque des négociations ont été commencées spontanément, il faut se garder d'intervenir entre les parties, il est suffisant de se réserver un moyen d'action dans le cas où, les parties n'ayant pu se mettre d'accord, il est nécessaire de faire intervenir des tiers.

Voilà pourquoi, Messieurs, nous avons libellé l'excuse valable sous la forme que nous vous avons présentée.

Quant au troisième paragraphe, il me semble que le texte se suffit tout à fait à lui-même. L'article 12 énumère toute une série de cas ; vous les connaissez tous ; il indique dans quel cas le juge de paix doit procéder à l'affichage. La loi actuelle me paraît avoir une forme excellente ; elle dit que les affiches seront faites par les soins du maire, lequel a à sa disposition les emplacements officiels. Les choses se passent ainsi de la façon la plus correcte et la plus simple. D'après la formule le juge de paix pourrait prononcer l'affichage, mais nous avons voulu que ce soit aux frais de la commune, comme tous les autres détails de la procédure de conciliation, et non pas aux frais des patrons.

M. RAZOUS. — En cas de grève, les questions ne sont pas aussi simples ; quelquefois, il se noue certaines intrigues, et on ne sait pas au juste quelle est la cause de la querelle.

Supposons que le patron lui-même dise : « Je suis en pourparlers depuis très longtemps avec mes ouvriers, et je ne me rends pas à la conciliation ». D'autre part, les ouvriers se rendent à la convocation ; à qui l'amende sera-t-elle appliquée ? Elle sera appliquée au patron.

M. FAGNOT. — Les tribunaux passent leur vie à interpréter les volontés, les intentions des parties ; quand une personne est inculpée, le magistrat a le devoir de se rendre compte si les actes incriminés ont été accomplis. Dans l'espèce, il en sera ainsi. Le patron a écrit qu'il avait entamé des pourparlers avec ses ouvriers ; on fait la même chose de l'autre côté ; le juge est là pour voir si on le trompe ou si l'on est de bonne foi.

S'il y a bonne foi, que des négociations aient été engagées, mais qu'elles n'aient pas abouti, le juge sera scrupuleux, il n'infligera aucune amende. Du moment qu'il a la certitude que la négociation a été commencée, la loi est satisfaite bien qu'elle n'ait pas abouti.

M. FOURNIÈRE. — Voulez-vous me permettre de vous rappeler un cas où la bonne foi du juge aurait été embarrassée ? je veux parler de la grève de Fougères, il y a quelques années. Les employeurs avaient engagé des pourparlers, non pas avec la majorité de leurs ouvriers, représentée par le syndicat, mais avec une minorité de leurs ouvriers représentée par un syndicat dissident. Dans ce cas-là, quelle serait la situation du juge de paix ?

M. FAGNOT. — Dans un cas semblable, le juge de paix ne devrait pas condamner ; il n'y a ni jaunes ni rouges dans les affaires de la sorte, il n'y a que des hommes.

Je me rappelle très bien le cas que vous nous citez, et M. le Président aussi, puisque c'est lui qui a mis fin à la grève. Je ne sais plus très exactement ce qu'a fait le juge de paix; mais je sais que, si j'étais juge de paix, je me refuserais à condamner. Est-ce que, parce que le syndicat avec lequel on avait traité était dissident, les ouvriers n'étaient pas des ouvriers comme les autres ? Si le juge estime que dans une fraction de la profession il y a eu commencement de conciliation, la question est de savoir si les personnes convoquées par lui ont pris part à ces négociations. Si oui, il n'a pas à condamner ; dans le cas contraire, il peut très bien infliger une amende.

M. FOURNIÈRE. — Précisément, à Fougères, les employeurs se sont fait fort d'une entente intervenue avec les représentants d'une minorité des ouvriers, pour refuser, non pas seulement satisfaction aux ouvriers, mais pour refuser même d'entrer en pourparlers avec le représentant de l'immense majorité des ouvriers.

M. FAGNOT. — C'est un cas qui se produit assez souvent. Ce qui s'est passé à Fougères revient à dire, par exemple, que, sur un grand nombre de patrons et d'ouvriers, des négociations avaient été entamées entre 300 grévistes et 30 patrons, et qu'entre les autres il n'y en avait pas. La loi de 1892, en ce qui concerne l'amende, aurait pu s'appliquer à ces derniers et non aux 300 ouvriers et aux 30 patrons qui avaient essayé de s'entendre.

M. MOTTEAU. — Je suis d'avis que, dans tous les cas, il faudrait que le patron se présente ; sans cela, il trouvera toujours une raison pour ne pas se présenter. J'estime, au contraire, qu'il doit toujours venir à la convocation.

M. RAZOUS. — Je n'aime pas l'ambiguïté qui peut résulter de la rédaction qui nous est proposée. Vous laissez beaucoup de choses à l'appréciation du juge de paix ; je crois, au contraire, qu'il faudrait donner lieu à l'appréciation le moins possible. Tout à l'heure, j'ai levé la main lorsqu'on a mis aux voix le premier paragraphe; sans vouloir revenir sur ce qui a été voté, je crains fort que nous ne démolissions maintenant l'effet du projet de loi que nous discutons en spécifiant un cas d'excuse valable. Lorsque le juge convoquera des personnes pour venir devant lui, elles n'auront qu'à se rendre à son appel et, là, elles pourront lui dire s'il y a eu ou non des pourparlers entamés. Le juge pourra alors faire une affiche dans laquelle il indiquera ce qui s'est passé. Si vous faites en sorte qu'une des parties pourra ne pas répondre à la convocation du juge de paix, vous allez mettre celui-ci dans l'embarras et souvent l'amende risquera d'aggraver encore la situation.

M. LE PRÉSIDENT. — Monsieur Razous, le procès-verbal fera mention de vos observations.

M. RAZOUS. — Je regrette, en effet, d'avoir voté tout à l'heure.

M. LE PRÉSIDENT. — Nous ne pouvons pas revenir sur ce qui a été fait, ce serait un précédent dangereux; tout ce que nous pouvons faire, c'est d'insérer vos regrets dans le procès-verbal.

Il n'y a pas d'opposition en ce qui concerne le deuxième paragraphe. Il est ainsi conçu :

Un extrait des jugements rendus par application du premier paragraphe sera affiché dans les conditions fixées par l'article 12 de la loi.

Le paragraphe est adopté.

LA COMPOSITION
DU COMITÉ DE CONCILIATION
LA REPRÉSENTATION DES SYNDICATS

M. LE PRÉSIDENT. — Le texte des rapporteurs continue ainsi :

« Quand un conflit collectif porte sur cinq établissements au moins, la loi devrait autoriser, sur leur demande, un représentant du syndicat patronal et un représentant du syndicat ouvrier, directement intéressés dans le conflit, à assister avec voix consultative aux séances du comité de conciliation. »

Quelqu'un demande-t-il la parole à ce sujet?

M. AFTALION. — Je proposerai un texte plus radical : « Les parties pourront choisir leurs mandataires, soit parmi les intéressés, soit parmi les membres d'un syndicat de la profession ».

M. LE PRÉSIDENT. — C'est autre chose. Remarquez que la loi n'apporte, jusqu'à présent, aucune réserve quant au choix des mandataires.

M. FAGNOT. — Si tout de même, puisqu'elle met les mots : « directement intéressés ».

M. JAY. — Maintenez-vous « directement intéressés » ?

M. FAGNOT. — Pour nous mettre d'accord, ainsi que nous l'avait demandé M. le Président, nous nous sommes fait la concession de supprimer, dans le texte relatif aux mandataires, les mots « directement intéressés », nous en rapportant au juge de paix du soin de savoir quelles seraient les cinq personnes à convoquer.

Le paragraphe que nous abordons maintenant est une tout autre chose; il constitue une innovation et il nous serait agréable de lui voir obtenir l'adhésion, non seulement de M. Arquembourg, mais aussi de la plupart de ces Messieurs qui représentent ici le patronat. Par cette disposition nous voulons établir un point de contact entre ceux qui ont fait surgir le conflit et ceux qui le combattent. Nous demandons que l'on ne laisse pas à la porte de la pièce où l'on va essayer de résoudre un conflit, le président du syndicat patronal et le secrétaire du syndicat ouvrier, car, en réalité, ces deux hommes ont, sur le conflit, la plus grande et la plus légitime influence. Pour ce motif, lorsque le conflit a une certaine importance, ces deux personnes doivent assister au débat; pour ne pas aller trop loin, nous demandons seulement qu'ils y assistent avec voix consultative. Nous voudrions ainsi établir un pont entre l'esprit individuel et l'esprit collectif.

Je sais bien que nous demandons aux patrons une concession assez importante puisqu'elle va à l'encontre de toute une partie de la pensée patronale ; en général, le patron veut bien discuter avec ses ouvriers, mais il ne consent pas à discuter avec une personne qui peut avoir une grande influence sur ses ouvriers, mais qui appartient à l'atelier d'un patron voisin, lequel n'est pas en conflit.

En dépit des apparences, la mesure proposée nous paraît éminemment favorable, dans la majorité des cas, au succès de la tentative de conciliation.

M. JAY. — Nous sommes en présence de deux textes très différents. Celui de M. Aftalion, on l'a vu tout de suite, a une tout autre portée que celui de M. Fagnot.

Il faut bien nous rendre compte de ce qu'on nous propose. Il me semble que la proposition de M. Fagnot aurait ce résultat que le juge de paix, lorsqu'il agit d'office, c'est-à-dire lorsqu'il convoque les personnes selon son bon plaisir — et je prends ces mots dans leur sens le plus honorable, — pourrait faire appel aux chefs du syndicat patronal et du syndicat ouvrier...

M. Arquembourg. — Pas du tout.

M. Jay. — Ce que nous avons voté tout à l'heure, en supprimant les mots « directement intéressés », c'est la reconnaissance de la pleine liberté du juge de paix dans le choix des délégués...

M. Arquembourg. — Si nous avons supprimé les mots « directement intéressés », c'est parce qu'ils étaient une superfétation, puisqu'ils sont dans le texte de la loi.

M. Jay. — Alors, dans votre pensée, le juge de paix n'aurait pas le droit de convoquer devant lui le représentant d'un syndicat ? C'est une solution qu'il me paraît bien difficile d'admettre. Je serais déjà intervenu tout à l'heure si j'avais su que vous donniez au texte ce sens-là.

Voici un conflit — et l'hypothèse est de plus en plus ordinaire — voici un conflit qui s'engage entre un ou plusieurs patrons et un syndicat. C'est le secrétaire du syndicat — si vous le voulez, précisons les choses — qui a soulevé le conflit, c'est lui qui a été trouver le patron, c'est lui qui a exposé les revendications des ouvriers, c'est lui qui a donné le signal de la grève, c'est lui qui est pour ainsi dire le seul représentatif du mouvement ouvrier; le juge de paix n'aura pas le droit de le convoquer ! N'est-ce pas mettre le juge de paix dans l'obligation de ne convoquer que des comparses qui n'auront aucune autorité pour mettre fin au conflit ?

Il ne faut, à mon avis, limiter ni le choix du juge de paix, ni le choix des parties. Ces parties doivent savoir quels sont ceux qui peuvent le mieux les représenter, ceux auxquels elles donneront plus volontiers ce mandat plein qui est nécessaire pour arriver à une conciliation.

La question syndicale à laquelle nous touchons en ce moment a, en matière de conciliation, une importance capitale.

Elle domine la réforme de la loi de 1892 et, bien plus encore, l'organisation de comités permanents. A l'appui de mon affirmation, je me garderais d'invoquer des considérations théoriques. L'expérience est aujourd'hui assez avancée, non seulement en France, mais dans tous les pays qui ont vu se développer l'organisation ouvrière et ont pratiqué la conciliation et l'arbitrage, pour qu'il semble possible de poser comme un axiome que toute institution, que toute législation de conciliation ou d'arbitrage est destinée à réussir dans la proportion, dans la mesure même où elle obtiendra le concours de cette organisation ouvrière.

On a parlé ici — et on l'a fait avec beaucoup d'intérêt et de précision — de l'exemple donné par l'Angleterre. On nous a montré l'Angleterre, voyant, seule parmi les nations industrielles, les grèves diminuer, au moins relativement. On nous a dit que cette situation s'expliquait surtout par le développement, en Angleterre, des institutions d'arbitrage et de conciliation. Mais ces institutions, sur quelles bases reposent-elles ? Quelle est la raison de leur efficacité ? C'est que l'organisation ouvrière est derrière elles. Je recevais, il y a quelques jours, un rapport du Board of Trade sur ces institutions de conciliation et d'arbitrage. Qu'est-ce que je constatais? C'est qu'en règle normale les membres des comités de conciliation et d'arbitrage sont nommés par les syndicats ouvriers et patronaux.

Vous me permettrez de vous lire, à ce propos, quelques lignes qui m'ont beaucoup frappé. Je les extrais du rapport de la Commission du travail de la grande Commission royale du travail qui, en 1894, formulait les résultats d'une enquête de plusieurs années. Voici ce qu'on lit dans ce rapport :

« Plus les ouvriers et patrons d'une profession sont organisés, plus les institutions de conciliation et d'arbitrage ont pu prendre de développement et donné de résultats. »

Et le rapporteur, au nom de la Commission royale, ajoutait :

« Que la cause de la supériorité du développement de ces institutions en Angleterre lui paraissait provenir de la faiblesse des organisations patronales et ouvrières dans les autres pays. »

Est-il admissible qu'aujourd'hui, voulant suivre l'exemple de l'Angleterre, nous nous engagions dans une voie directement opposée et fermions la porte aux représentants des syndicats ?

Partout la question se présente de la même façon. Peut-être avez-vous suivi les tentatives faites en Allemagne pour établir des chambres du travail ? Un projet a été déposé. Il n'a pas abouti. Pourquoi ? Parce que le gouvernement impérial n'a pas voulu admettre l'entrée des secrétaires des syndicats dans ces chambres du travail et que la majorité du Reichstag a pensé que, dans ces conditions, l'institution ne pourrait pas rendre les services qu'elle en attendait.

Notre Président me permettra d'invoquer aussi son

exemple : lorsqu'il a voulu créer les conseils du travail, il s'est rappelé l'opposition que l'idée avait suscitée, notamment au Conseil supérieur du travail, en 1897 ; il s'est-rappelé que les représentants des ouvriers étaient venus dire : « Si vous faites nommer les conseils du travail par le suffrage universel, ils vont devenir une difficulté, un obstacle pour le mouvement syndical, et, à ce titre, ils feront plus de mal·que de bien, même à la cause de la conciliation et de l'arbitrage ». Et alors notre Président avait fait nommer la majorité des membres des conseils du travail par les syndicats patronaux et par les syndicats ouvriers. Il disait, dans le rapport au Président de la République qui précédait le décret de 1900, la phrase m'est restée dans la mémoire : « Les conseils du travail seront dans leurs sections professionnelles de véritables commissions mixtes des représentants du syndicat patronal et du syndicat ouvrier ».

C'est la formule qu'il faut maintenir, c'est la formule qu'il faut introduire toutes les fois que vous chercherez à organiser la conciliation et l'arbitrage. Il faut que l'institution que vous aurez en vue puisse, si l'organisation ouvrière est suffisamment forte et développée, être la commission mixte des représentants des syndicats patronaux et des syndicats ouvriers. (*Applaudissements*).

M. LE PRÉSIDENT. — Dans l'intérêt de la clarté de la discussion, je dois rappeler à la réunion quelle est la question précise qui lui est posée.

Ce que nous avons voté sur la tentative de conciliation a uniquement pour but — cela résulte, non seulement du texte adopté d'accord par les trois rapporteurs, mais des textes qui ont été présentés par chacun d'eux — a uniquement pour but de rendre obligatoire la tentative de conciliation. Dans leur rapport, les rapporteurs n'ont pas fait allusion à un changement à apporter à la loi de 1892 au point de vue de la désignation des délégués des parties. Or, il n'est pas douteux que, dans la loi de 92, les délégués des parties ne peuvent être que soit des patrons, soit des ouvriers intéressés dans le conflit.

La suppression des mots « directement intéressés » ne change rien à la question; elle ne vise que le texte présenté, mais elle ne modifie en rien le choix des personnes qui a été fait par la loi de 1892; ce sera seulement, comme dans la loi de 1892, si vous n'apportez aucune autre modification, des patrons ou des ouvriers directement intéressés dans le conflit qui pourront être choisis par les parties ou par le juge de paix.

C'est le droit de chacun des membres de cette assemblée de proposer un amendement qui modifie sur ce point la loi de 1892; mais nous ne sommes encore saisis de rien à ce point de vue. Nous avons simplement une proposition qui demande qu'en dehors des délégués choisis d'après le principe de la loi de 1892, on autorise un représentant du syndicat patronal et un représentant du syndicat ouvrier à assister aux séances de conciliation avec voix consultative. C'est sur cette proposition que la discussion est ouverte; je donne la parole à M. Legouez.

M. Legouez. — Les explications de M. le Président simplifient beaucoup ma tâche et m'évitent de répondre aux observations de M. Jay.

Ce qui me frappe dans la rédaction qui nous est proposée, c'est que, peut-être, elle manque de netteté. Il y a en somme deux choses dans les grèves : il y a les grèves de métier, qui s'étendent à tous les établissements, à toutes les usines d'une région ; puis il y a les grèves individuelles, qui ne touchent qu'un établissement.

Je crois qu'il est nécessaire tout d'abord de faire cette distinction. S'il s'agit d'une grève dans un établissement, il faut que le patron ait le contact le plus fréquent avec ses ouvriers ; il est, en général, très mal renseigné sur ce que veulent ses ouvriers ; c'est un contremaître, c'est un chef de service qui lui rapporte, en les dénaturant, les paroles de ses ouvriers. De même que le secrétaire du syndicat, s'il n'appartient pas à l'établissement visé, peut être très mal renseigné. Dans ce cas-là, je pense que le différend doit se régler entre le patron et ses ouvriers.

Cela m'amène à parler d'une institution dont je serais très partisan, les conseils d'usine. Je voudrais que le patron voie lui-même ses ouvriers.

Mais prenons le cas des conflits collectifs qui s'étendent à tout un métier. Dans ce cas-là, je comprends très bien qu'il faille aller un peu plus loin. Il est très certain que, neuf fois sur dix, le secrétaire du syndicat ouvrier ou le président du syndicat patronal, qui appartiendront à un des établissements touchés, auront une grande influence sur leurs collègues. Alors, pourquoi ne pas dire clairement les choses, pourquoi ne pas dire que lorsque la grève portera sur tous les établissements d'un même métier dans une région... (*Protestation.*) sur la majorité, si vous voulez, car je ne vois pas la raison d'être du chiffre 5 qui nous est proposé...

M. Arquembourg. — Nous abandonnons volontiers ce chiffre. Mettez : « Lorsque le conflit portera sur plus d'un établissement ».

M. le Président. — Je viens d'être saisi d'un amendement de M. Aftalion ainsi conçu :

« Les parties pourront choisir leurs mandataires soit

parmi les intéressés, soit parmi les membres du syndicat de la profession intéressée. Le juge de paix, de son côté, pourra convoquer des délégués des syndicats de la profession intéressée ».

Il me semble que cet amendement résume celui qui nous est proposé d'autre part.

M. AFTALION. — Non, il est différent et je demande la substitution pure et simple de ce texte à celui qui est proposé par M. Fagnot. Comme l'a très bien dit tout à l'heure notre Président, il est certain que la loi actuelle n'autorise la présence devant le juge de paix que de patrons ou d'ouvriers directement intéressés dans le conflit. La proposition que je fais en ce moment constitue donc, sans aucun doute, une modification à la loi de 1892.

Je n'ai rien à ajouter aux arguments très saisissants que M. Jay a donnés en faveur de cette proposition. Je veux simplement répéter que ce que je demande, c'est que les représentants des syndicats puissent être convoqués par le juge de paix lorsqu'il agit d'office et que, de leur côté, les ouvriers ou les employeurs puissent envoyer devant le juge de paix, parmi leurs délégués, des dirigeants de syndicats. Je suis persuadé que le syndicat est ou deviendra malgré tout, en France comme ailleurs, un instrument de conciliation très réel. Je crois que le juge de paix arrivera souvent plus rapidement à une conciliation en s'adressant aux dirigeants de syndicats.

M. LE PRÉSIDENT. — Je vais demander à l'assemblée d'examiner d'abord la première partie de l'amendement de M. Aftalion, qui est absolument distincte de la proposition qui vous a été soumise, qui est très simple en elle-même et que M. Aftalion vient d'expliquer très clairement.

« Les parties pourront choisir leurs mandataires parmi les membres du syndicat de la profession intéressée ».

M. ARQUEMBOURG. — Mais il me semble qu'il serait peut-être préférable de voter le texte concernant le conflit collectif, celui que nous avions envisagé tout à l'heure. M. Legouez le faisait ressortir très justement tout à l'heure : il y a des conflits qui ont un caractère individuel parce qu'ils se passent dans un seul établissement, tandis qu'il y en a d'autres qui sont de véritables conflits de métier.

Ce sont ces conflits que nous avions envisagés dans les conclusions que nous présentions. C'est dans cette sorte de conflit, intéressant le métier tout entier, que nous avons pensé que l'intervention du secrétaire du syndicat ouvrier ou du président du syndicat patronal pouvait être utile. Nous avions laissé les autres cas de côté, faisant le sacrifice de certaines de nos idées personnelles, pour arriver à nous entendre sur un texte commun.

Puisqu'un des rapporteurs reprend aujourd'hui une liberté absolue et présente un texte contre lequel je me suis élevé de la façon la plus absolue, je reprends, moi aussi, ma liberté entière.

Je ne suis nullement impressionné par les idées qu'a exposées tout à l'heure M. Jay. M. Jay a traité deux questions qui sont, pour moi, absolument distinctes; il a parlé non seulement des conflits que nous cherchons à solutionner par une tentative de conciliation ; il a parlé aussi de la nécessité de créer des comités de conciliation qui, pour lui, sont le meilleur moyen préventif des conflits du travail. A ce point de vue, je partage ces idées; je crois qu'il serait très intéressant qu'il existât de ces grands comités de conciliation analogues à ceux dont il a parlé et qui ont rendu de très grands services en Angleterre. J'ai, d'ailleurs, fait allusion à ces comités dans mon rapport. Dans des comités tels que ceux-là, il est évidemment nécessaire, indispensable que les représentants des parties, c'est-à-dire les syndicats, soient représentés. Les pourparlers, dans ces comités, ne peuvent avoir lieu qu'entre des représentants de syndicats patronaux et de syndicats ouvriers.

La question qui nous préoccupe actuellement est tout autre ; il s'agit d'une grève déclarée ; lorsqu'il y a un conflit individuel entre un patron et ses ouvriers, il n'y a pas nécessité de faire appel au secrétaire du syndicat ouvrier ; le secrétaire du syndicat peut ne pas être intéressé dans la question, le métier en lui-même n'est pas intéressé, c'est un conflit individuel, il n'y a donc aucune raison de faire appel aux membres des syndicats.

Comme le disait très justement M. Legouez, les patrons désirent se trouver en rapport avec leurs ouvriers, ils désirent causer avec eux. Si la loi n'a pas donné jusqu'ici tous les résultats que l'on pouvait en attendre, c'est parce que les patrons ne l'ont pas accueillie avec bonne volonté. Alors, ne mettez pas encore dans la loi quelque chose qui les en éloignera à nouveau. Si vous introduisez dans la loi une sanction pénale qui sera de nature à les faire reculer, si vous mettez, à côté du respect qu'ils doivent avoir pour la loi et du bon exemple qu'eux-mêmes sont tenus de donner en respectant l'obligation qui est inscrite dans la loi, si vous mettez, à côté de cela, la nécessité pour eux d'entrer en contact avec des représentants de syndicat dont ils se méfient parfois, car ce sont eux qui ont, dans certains cas, fait naître le conflit, je crois que vous retarderez la solution.

Je crois donc qu'il faut laisser les intéressés en présence et conserver cette disposition de la loi, qui est très sage. Lorsqu'il s'agira de créer des comités permanents, nous étudierons la question et, à ce moment-là, je serai très probablement de l'avis de M. Jay. Mais, pour l'instant, j'estime que la loi actuelle a été très sage en limitant aux seuls intéressés la possibilité d'être nommés comme mandataires, et je demande énergiquement que cette disposition de la loi soit maintenue.

D'ailleurs, je vous ferai remarquer que nous avons voté un premier article et que c'est à ce moment qu'il aurait fallu proposer le paragraphe que l'on présente maintenant. Nous allons donc revenir sur un vote déjà émis.

M. le Président. — Je ferai remarquer à M. Arquembourg que — et je m'en excuse à nouveau auprès de M. Razous — j'ai tenu à ne pas remettre aux voix un texte qui avait déjà été voté. Je crois que la première partie de la proposition de M. Aftalion peut, très légitimement, être mise actuellement en discussion et je crois qu'il y a tout intérêt, puisque la proposition a été formulée, à ce que la réunion fasse connaître son sentiment sur elle.

M. Aftalion. — Je voudrais dire deux mots en ce qui concerne l'accusation portée contre moi d'avoir rompu le pacte de conciliation conclu entre rapporteurs. Ce pacte de conciliation a été conclu au sujet du premier article, qui est maintenant voté. Mais, au moment du vote même de cet article, j'ai demandé qu'on n'insistât pas sur la question des mots « directement intéressés », parce que je me proposais de reprendre cette question plus tard à propos du deuxième article, où j'avais l'intention d'apporter un texte très différent de celui qui a été proposé par M. Fagnot. Il n'y a eu d'entente entre nous que sur le premier article. Après le vote de cet article, chaque rapporteur a repris sa liberté entière.

M. Arquembourg. — Le gros inconvénient de l'amendement, c'est que nous avons voté l'obligation de la tentative dans des conditions déterminées ; or, si maintenant on y ajoute le texte qu'on nous propose actuellement, je dois dire que moi, qui ai défendu jusqu'à ce jour la tentative obligatoire de conciliation, moi qui ai voté pour, j'aurais voté contre.

M. LE PRÉSIDENT. — Nous sauvegarderons les droits de chacun en remettant l'ensemble du texte aux voix.
Quelqu'un demande-t-il encore la parole ?

M. LORIN. — Est-ce que tout à l'heure M. Arquembourg ne disait pas accepter l'intervention du syndicat, lorsqu'il y aurait plus d'un établissement en jeu ?

M. ARQUEMBOURG. — Parfaitement, quand le conflit est collectif, qu'il s'étend à un métier, j'admets que l'on fasse intervenir le syndicat.

M. LEGOUEZ. — C'est une question bien délicate qui se dresse devant nous : est-ce qu'une grève prend un caractère professionnel, parce que plusieurs établissements y sont mêlés ?

M. ARQUEMBOURG. — La proposition qui peut être déduite des paroles de M. Lorin serait un amendement qui peut-être pourrait nous permettre de nous mettre d'accord. J'admettrais assez bien ce que disait tout à l'heure M. Lorin, c'est-à-dire que l'on pourrait faire appel à l'intervention des délégués des syndicats, lorsque le conflit aurait un caractère professionnel. Mais j'apporterais encore un troisième amendement, c'est que les intéressés pourraient choisir leurs mandataires parmi eux-mêmes et que le juge de paix pourrait choisir ceux qu'il désire appeler parmi les ouvriers en grève...

M. LE PRÉSIDENT. — Mais c'est la suppression de l'amendement.

Mme DE MAGUERIE. — Ne croyez-vous pas, au contraire, Monsieur Arquembourg, que souvent le secrétaire du syndicat, qui n'a pas partie liée dans le conflit, qui n'y est pas directement intéressé, joue le rôle d'un médiateur ? Ne pensez-vous pas que, très souvent, l'ouvrier, qui n'a pas l'habitude de discuter avec le patron, arrive devant celui-ci avec l'idée préconçue — pardonnez-moi l'expression — qu'il va être « roulé » ? Au contraire, lorsqu'il se sent appuyé par le secrétaire de son syndicat, qui, lui, a l'habitude de discuter, il acceptera la conciliation bien plus facilement que s'il était seul.

Egalement, au point de vue des conflits féminins — et il y en a déjà eu quelques-uns de graves — la femme qui n'a pas l'habitude de discuter sera heureuse d'être secondée par le secrétaire de l'organisation qui, généralement, est un homme. Je crois donc que, dans la plupart des cas, l'intervention du secrétaire du syndicat est une très bonne chose, qui peut hâter la conciliation.

M. ARQUEMBOURG. — Ce que je ne voudrais pas, c'est que l'on convoque des gens qui ne sont pas intéressés dans le conflit ; je ne verrai pas un énorme inconvénient à ce que le secrétaire du syndicat assiste ses camarades, mais il faudrait que la majorité du comité de conciliation soit composée de personnes intéressées directement dans l'affaire.

M. GAVELLE. — Au début, vous aviez introduit le chiffre de cinq établissements, maintenant ce chiffre est supprimé et l'on a mis plus d'un établissement ; je trouve cela un peu excessif. Vous pouvez, en effet, avoir des conflits tout à fait locaux, tout à fait spéciaux et qui, cependant, englobent deux ou trois établissements ; vous pourrez de la sorte faire dégénérer en conflit collectif des petits conflits individuels. Alors que la collectivité n'est pas intéressée, j'estime qu'il n'y a aucun intérêt à mêler le secrétaire du syndicat à l'affaire. Lorsqu'au contraire, il y a conflit collectif, il est nécessaire de permettre aux deux intéressés de se faire assister de leurs conseils qui représentent la corporation et qui sont tout naturellement le secrétaire du syndicat ouvrier et le président du syndicat patronal.

M. LE PRÉSIDENT. — Il peut y avoir grève dans un établissement qui à lui tout seul soit plus important que cinq ou six établissements ; je crois donc que le nombre des établissements engagés n'a pas grande importance ; tout est dans l'importance des établissements eux-mêmes.

M. GAVELLE. — Là encore il y a une distinction à faire : dans un très grand établissement, il peut se produire un conflit qui cependant n'a pas un caractère corporatif, par exemple s'il s'agit d'un contremaître qui déplaît aux ouvriers ; bien que l'établissement occupe 2 ou 3,000 ouvriers, c'est tout de même un conflit individuel. Au contraire, lorsque plusieurs établissements, même très petits, sont intéressés dans un conflit, celui-ci prend un caractère professionnel. Vous voyez donc que tout ne dépend pas de l'importance de l'établissement.

M. LE PRÉSIDENT. — Proposez-vous un chiffre ?

M. GAVELLE. — J'aimerais mieux que l'on conserve le chiffre de cinq.

M. ARQUEMBOURG. — On pourrait mettre : « dans tout conflit ayant un caractère corporatif. »

M. FOURNIÈRE. — Comment définir le caractère corporatif?

M. RAZOUS. — Je crois que diverses questions se mélangent actuellement.

Si nous envisageons d'abord la conciliation au point de vue du juge de paix, je crois que l'on doit laisser à ce dernier le soin de convoquer les personnes qui lui plairont, c'est-à-dire celles qui lui sembleront le mieux capables d'amener une solution rapide.

Maintenant, à un autre point de vue, je désirerais demander aux rapporteurs — non pas à tous puisqu'il y a un dissident (*Rires*), — je désirerais leur demander comment ils conçoivent le rôle du syndicat patronal et le rôle du délégué ouvrier avec voix consultative. Pour ma part, j'ai assisté à des réunions où des personnes y sont avec voix consultative et d'autres avec voix délibérative, et j'ai constaté que très souvent les attributions s'y mêlent. Je me demande alors s'il n'y aurait pas plutôt lieu de dire que les délégués du syndicat patronal et du syndicat ouvrier seront appelés à déposer devant le comité de conciliation. Ils y viendront avec des pièces précises, avec des documents à l'appui, et le comité pourra alors prendre une décision en toute connaissance de cause, plutôt que sous la pression du délégué patronal ou du délégué ouvrier.

Vous êtes libres d'admettre ou non mon opinion, mais je demanderais qu'elle soit enregistrée.

M. LORIN. — Etant données les difficultés qu'occasionne la question du chiffre des établissements, peut-être serait-il préférable de mettre une phrase de ce genre: « en cas de conflit portant sur les conditions du travail. »

M. LE PRÉSIDENT. — Je crois qu'il n'y a même pas lieu de voter sur ce point, attendu que c'est le texte même de la loi de 1892 et que personne n'a proposé d'y porter atteinte. La loi est ainsi conçue : « Les ouvriers et employeurs entre lesquels s'est produit un différend d'ordre collectif portant sur les conditions du travail... »

M. JAY. — Je suis convaincu que là les mots « sur les conditions de travail » sont entendus dans un sens plus large que celui que propose M. Lorin.

M. LE PRÉSIDENT. — Je vous demanderai de ne pas mélanger cette question très délicate à celle dont nous sommes saisis. Tenons-nous en, si vous voulez, à la rédaction proposée par M. Lorin.

M. MOTTEAU. — Tout à l'heure, M. Arquembourg était d'accord pour modifier le chiffre 5 et il disait de mettre : « plus d'un établissement »; les deux rapporteurs étant d'accord sur ce point, il me semble qu'il n'y a plus lieu d'y insister.

M. LE PRÉSIDENT. — La question de la définition du différend étant écartée, il nous reste à trancher le cas de conflit s'étendant à plusieurs établissements.

M. AFTALION. — Il me semble que des paroles prononcées par M. Arquembourg en réponse à M. Lorin indiquaient que nous étions sur le point de nous mettre tous d'accord. Je ne tiens pas à ce que les personnes convoquées par le juge de paix ou déléguées devant lui soient exclusivement des dirigeants de syndicats. Je propose seulement que des dirigeants de syndicats puissent figurer parmi les personnes en question, à côté d'autres individualités qui seraient directement intéressées. Et il me semble que c'est ce qu'admet aussi M. Arquembourg.

M. LE PRÉSIDENT. — Il y a une première phrase qui va déterminer tout le reste. Il est dit : « Quand un conflit d'ordre collectif porte sur plusieurs établissements... »

M. JAY. — Je ne voudrais pas de cette formule; je ne vois aucun intérêt de faire une différence selon que le conflit intéressera un, deux ou trois établissements ou un plus grand nombre.

Il faut assurer l'égalité des deux éléments en présence. En fait, cette égalité n'existera pas particulièrement si, en face de patrons qui ont une certaine culture intellectuelle, parfois même des connaissances juridiques, l'habitude des affaires, vous ne permettez de placer que des ouvriers tous les jours occupés à l'usine. Pourquoi voulons-nous que le secrétaire du syndicat puisse accompagner ses camarades à la réunion de conciliation? Parce que nous supposons que c'est un homme qui a été choisi pour ces capacités spéciales, qui, ayant abandonné l'atelier, a pu acquérir des connaissances particulières, qui lui permettent de mieux discuter avec le directeur d'un grand établissement industriel ou commercial. Un conflit éclate dans une grande compagnie; elle enverra, pour la représenter, son ingénieur, son chef de contentieux. Il est évident que, si l'on veut que les ouvriers ne soient pas en état d'infériorité par trop grande, il faut qu'ils puissent être les chefs de leurs organisations.

Mme DE MAGUERIE. — Je demanderais, en outre, qu'il n'y ait pas de limitation des établissements. Dans certains cas, la grève est systématiquement organisée, elle commence dans un établissement, puis ensuite dans un deuxième, enfin dans un troisième et ainsi de suite, parce que le syndicat n'est pas assez riche pour soutenir la grève collective. Dans ces conditions, c'est bien un conflit qui intéresse toute la profession.

M. LE PRÉSIDENT. — En somme, vous vous trouvez en présence de deux rédactions : l'une que j'avais formulée tout à l'heure : « Lorsque le conflit collectif porte sur plusieurs établissements » ; et l'autre proposée par M. Jay, qui peut être formulée ainsi : « Dans tout conflit d'ordre collectif »...

M. LORIN. — Ne pourrait-on pas, pour diminuer l'antagonisme qui existe entre certaines des propositions qui nous sont soumises, dire que, même lorsque le conflit n'intéresse qu'un établissement, le juge de paix pourra, s'il en est requis par une des parties, convoquer les secrétaires de syndicats ?

M. FAGNOT. — Il faut aussi remarquer que le nombre des grèves qui ne portent que sur un établissement est très considérable. En 1909, par exemple, sur 1,025 grèves, 770, soit plus des trois quarts, n'ont affecté qu'un seul établissement.

M. JAY. — C'est un argument en faveur de ma thèse...

M. LE PRÉSIDENT. — Cela dépend du point de vue auquel on se place.

Je vais mettre aux voix d'abord le sous-amendement de M. Jay et ensuite le texte des rapporteurs.

Le sous-amendement est celui-ci : « Dans tout conflit d'ordre collectif... » L'autre amendement est : « Quand un conflit d'ordre collectif porte sur plusieurs établissements. »

Que ceux qui sont partisans d'adopter le sous-amendement de M. Jay veuillent bien le manifester en levant la main.

Ont voté pour : 14 voix. Avis contraire : 11 voix.

Le sous-amendement est adopté.

M. GAVELLE. — Il y a maintenant une distinction qui s'impose, surtout après le vote qui vient d'être émis : c'est, d'une part, la faculté donnée au juge de paix et, d'autre part, celle donnée aux parties. Je ne verrai aucun inconvénient à autoriser le juge de paix, lorsqu'il le jugera nécessaire, à convoquer des délégués de syndicat, mais je suis opposé à la seconde partie.

M. JAY. — Le juge de paix sera-t-il obligé d'en convoquer un certain nombre ou devra-t-il seulement en convoquer un ? Il n'y a rien, dans les textes, qui règle ce point.

M. MOTTEAU. — La proposition de M. Fagnot donne un représentant ouvrier et un représentant patronal ; cela pourrait aller.

M. LE PRÉSIDENT. — Je mets aux voix ceci : « Le juge de paix pourra convoquer un représentant du syndicat patronal et un représentant du syndicat ouvrier. »

Le texte est adopté.

M. GAVELLE. — La proposition de M. Jay qui a été votée est telle que je ne crois pas pouvoir voter l'intervention du syndicat, puisqu'elle pourra se produire dans tous les cas..

M. FOURNIÈRE. — Je crois que ces Messieurs du groupe patronal s'exagèrent et que nous nous exagérons tous les résistances que l'on pourra rencontrer de la part des patrons.

M. LE PRÉSIDENT. — La question est assez grosse pour que nous remettions notre vote sur ce point à la prochaine réunion... Par conséquent, si vous le voulez bien, nous terminerons l'étude de ce problème le 18 mai.

La séance est levée.

Assemblée générale du 18 mai 1911

Présidence de M. MILLERAND

M. LE PRÉSIDENT. — Nous en étions restés, si je me le rappelle bien, au point suivant : nous avions adopté un sous-amendement de M. Jay, ainsi conçu : « *Dans tout conflit d'ordre collectif le juge de paix pourra convoquer un représentant du syndicat patronal et un représentant du syndicat ouvrier* ».

La question qui se posait était alors de savoir si, contrairement à ce que semble indiquer la loi de 1892, les parties auraient le droit de désigner qui leur plairait pour leurs représentants.

Est-ce bien cela ?

M. FAGNOT. — Parfaitement.

M. LE PRÉSIDENT. — Avant d'engager la discussion, je dois transmettre à l'assemblée les excuses de M. Legouez, qui avait pris part à la dernière discussion, mais qui est obligé de partir aujourd'hui même pour Turin et qui m'a adressé une lettre dont j'extrais le passage suivant :

« J'aurais voulu lutter jusqu'au bout dans la discussion en cours et arriver à faire connaître les idées du monde patronal qu'il me paraît dangereux de heurter alors qu'on désire l'amener à désarmer.

« L'amendement de M. Aftalion me paraît, à ce point de vue, des plus regrettables. Il est d'ailleurs inutile; car l'article 10 de la loi de 1892, en cas de grève, contrairement à ce qui a été dit en séance, n'oblige nullement les ouvriers ou les employés à choisir leurs délégués parmi les intéressés et encore moins parmi les personnes directement intéressées. »

Je ne suis pas sûr que cette opinion soit absolument conforme au texte de la loi de 1892. Il est bien exact que dans l'article 10 il n'est pas dit que les représentants des ouvriers ou des patrons devront être pris parmi les intéressés. L'article dit :

« A défaut d'initiative de la part des intéressés, le juge de paix invite d'office et par les moyens indiqués à l'article 3 les patrons et les ouvriers, ou employés, ou leurs représentants. »

Et plus loin :

« Les parties doivent faire connaître les noms, qualités, domiciles des délégués choisis, le cas échéant, par les parties. »

Mais l'article 2 de la même loi contient, *in fine*, la disposition suivante :

« Les patrons, ouvriers ou employés adressent, soit ensemble, soit séparément, en personne ou par mandataires, au juge de paix du canton, une déclaration écrite contenant: 1°..., 2°..., 3°..., 4° les noms, qualités et domiciles des délégués choisis parmi les intéressés. »

Il semble donc bien que ce soit parmi les intéressés et parmi les intéressés seuls que les parties aient le droit de choisir leurs délégués, à moins qu'on admette — ce qui ne paraît pas soutenable au premier abord, tout au moins — qu'en cas de grève et à défaut d'initiative des parties le juge de paix aurait le droit que n'ont pas les parties, dans la première hypothèse, de désigner n'importe qui comme représentants.

On ne comprendrait pas pourquoi il existerait une pareille différence entre un cas et l'autre. Il semble donc que, d'après la loi de 1892, les patrons et les ouvriers ne peuvent choisir leurs délégués que parmi les intéressés.

M. Aftalion, qui, malheureusement, ne peut pas assister à notre réunion d'aujourd'hui, mais qui a prié M. Razous de l'excuser, M. Aftalion, si j'ai bien le souvenir de ce qu'il a formulé, demande que les parties aient le droit de choisir pour les représenter quelqu'un qui ne soit pas compris parmi les intéressés, par exemple un membre du syndicat patronal ou un membre du syndicat ouvrier.

C'est sur cette proposition que s'engage maintenant la discussion.

Quelqu'un demande-t-il la parole?

M. JAY. — Il serait, il me semble, utile que M. Fagnot nous rappelât la proposition qu'il avait faite, proposition qui se rapprochait de celle de M. Aftalion.

M. FAGNOT. — Je pense, en effet, que nous pourrions peut-être faire chacun la moitié du chemin.

Le texte adopté dans la dernière séance, sur la proposition de M. Jay, est ainsi conçu : « Le juge de paix pourra convoquer un représentant du syndicat patronal et un représentant du syndicat ouvrier ». Ce texte paraît donner satisfaction à la pensée principale de M. Aftalion, reprise par M. Razous. Dès lors, pour tenir compte des arguments vraiment sérieux que rappelle M. Legouez dans sa lettre, nous pourrions maintenir la loi de 1892 telle qu'elle est, en ce qui concerne les représentants officiels des deux parties. En d'autres termes, les représentants des parties devraient être, comme à l'heure actuelle, choisis parmi les intéressés et, en outre, le juge de paix aurait le droit de convoquer deux représentants, l'un du syndicat patronal, l'autre du syndicat ouvrier. Je crois qu'il serait sage de s'en tenir là.

M. JAY. — M. Fagnot ne pourrait-il pas résumer ses observations en une formule ?

Si j'ai bien compris sa pensée, cette formule serait à peu près celle-ci : les parties devraient choisir leurs mandataires, au sens précis du mot, parmi les intéressés, mais elles auraient le droit de convoquer, à titre consultatif, un représentant du syndicat.

M. FAGNOT. — C'est tout à fait mon idée.

M. JAY. — Nous n'avons prévu jusqu'ici qu'une hypothèse, celle du juge de paix agissant d'office. Lorsque des parties n'interviennent pas, nous donnons au juge de paix le droit d'imposer la tentative de conciliation et de convoquer un représentant du syndicat patronal et un représentant du syndicat ouvrier.

L'hypothèse que nous avons à examiner en ce moment est celle où l'initiative a été prise par l'une des parties. Le texte actuellement voté ne suffirait pas à assurer, dans ce cas, la présence, à titre consultatif, d'un représentant du syndicat ouvrier ou du syndicat patronal.

— M. FAGNOT. — Laissez le texte de l'article 2.

M. JAY. — Il faudrait le changer de place.

M. LE PRÉSIDENT. — Nous avons adopté la formule suivante : « Dans tout conflit d'ordre collectif, le juge de paix pourra convoquer un représentant du syndicat patronal et un représentant du syndicat ouvrier ». Il faudrait ajouter alors : « Cette convocation sera obligatoire sur la demande de l'une des parties ».

M. JAY. — Lorsque le juge de paix agira d'office, il pourra convoquer un représentant du syndicat patronal et un représentant du syndicat ouvrier, si ces deux personnes lui paraissent parmi celles dont l'opinion est importante pour la solution du conflit ; mais, à mon avis, il faudrait être plus explicite pour la seconde hypothèse, si on ne veut pas risquer de créer une équivoque regrettable.

Ce que veut dire M. Fagnot, c'est que, dans la seconde hypothèse, les parties ne pourront pas choisir comme mandataires directs d'autres personnes que des intéressés. Il faut donc le dire. Il y aurait ensuite lieu d'ajouter : « Mais elles pourront convoquer, à titre consultatif, un représentant du syndicat patronal et un représentant du syndicat ouvrier. »

M. ARQUEMBOURG. — Je crois que vous n'empêcherez pas ceux qui sont appelés « à titre consultatif » de se mêler à la discussion, de la diriger, d'être, en somme, les véritables représentants des parties. Qu'ils soient appelés à titre de mandataires ou à titre consultatif, je crois qu'en pratique cela aboutira au même résultat.

Je regrette, pour ma part, qu'on ne s'en soit pas tenu aux propositions de M. Fagnot, à ce sujet, qui faisait une distinction logique. Lorsque le conflit est personnel à un établissement, que les difficultés qu'il soulève ne sont pas d'ordre général, qu'elles n'ont pas de répercussion sur l'ensemble de l'industrie, je crois qu'il est logique que la tentative de conciliation ne réunisse que les véritables intéressés dans le conflit, d'une part, le patron, de l'autre, les ouvriers de son usine. Au contraire, lorsque le conflit est général, qu'il porte sur un ensemble d'usines, qu'il vise les conditions générales de travail, j'admets la présence du syndicat ouvrier pour discuter les intérêts généraux des ouvriers, intérêts qu'il prétend représenter.

J'avais fait cette concession à M. Fagnot, mais je n'admets nullement la présence du syndicat ouvrier dans le premier cas ; je ne vois pas qu'il soit logique que le syndicat ouvrier vienne se mêler à un conflit qui, en réalité, ne le touche pas. Peut-être même que, dans un conflit de ce genre entre un patron et ses ouvriers, peut-être même n'y aura-t-il pas d'ouvriers syndiqués ou n'y en aura-t-il qu'une infime minorité. Je regrette donc beaucoup que l'on abandonne cette distinction, qui me paraissait très raisonnable.

Actuellement, nous cherchons à faire passer la loi dans les mœurs, à la faire accepter. Nous avons reconnu que, jusqu'ici, on n'avait pas suffisamment recours à la loi existante, que les patrons, surtout semblaient se méfier de cette tentative de conciliation. Nous avons remarqué que, parmi les motifs qui font qu'ils craignent cette tentative, il y a une opinion, que l'on peut apprécier comme l'on veut, mais qu'il faut constater, c'est que les patrons redoutent de se trouver en présence d'éléments étrangers à leurs usines. Cette opinion, sur la valeur de laquelle on peut discuter, est actuellement erronée puisque la loi ne permet pas de convoquer des représentants autres que des ouvriers occupés dans l'usine. Par conséquent, en ce moment, si les patrons reculent devant le recours à la loi, ils le font poussés par une crainte chimérique.

Néanmoins, vous voyez quel est leur état d'esprit, puisque, sans même examiner si leurs craintes étaient bien fondées, cela suffit pour les éloigner du recours à la loi. Vous pouvez vous imaginer facilement que, le jour où cette crainte chimérique sera devenue fondée, ils seront certainement beaucoup moins portés encore que par le passé à avoir recours à la conciliation.

Par conséquent, pour faire passer la loi dans les habitudes, pour faire qu'on y ait recours de plus en plus, il ne suffit pas de la rendre obligatoire, il faut amener les patrons à ne pas craindre d'avoir recours à la conciliation et, pour les y amener, il ne faut pas heurter, comme le dit M. Legouez dans sa lettre, leurs idées actuelles, il ne faut pas heurter leur opinion, il ne faut pas aggraver la loi sur un point qui les préoccupe déjà.

C'est à ce point de vue-là que je trouve qu'il est absolument regrettable qu'à un titre quelconque, consultatif ou autre, on admette dans la tentative de conciliation les représentants du syndicat ouvrier. Je vais jusqu'à admettre cette conception de les faire intervenir lorsqu'il s'agit d'un conflit ayant un caractère général, intéressant la masse entière des ouvriers, mais j'estime qu'introduire le syndicat dans des conflits qui peuvent se produire tous les jours, sur des questions les plus diverses, c'est aller trop loin.

M. le Président. — Je suis, à mon vif regret, obligé de maintenir la jurisprudence que j'ai établie l'autre jour et de vous faire remarquer que vous venez de présenter des observations très intéressantes sur un vote qui est acquis.

Par conséquent, nous en sommes à ce point :

« En tout conflit d'ordre collectif, le juge de paix pourra convoquer un représentant du syndicat patronal et un représentant du syndicat ouvrier. »

Cela a été voté.

M. Arquembourg. — Il faudrait définir le conflit d'ordre collectif.

M. le Président. — Conflit collectif, pour nous tous, cela ne peut avoir qu'un sens, même s'il s'agissait d'un seul établissement.

Il nous reste maintenant à solutionner la seconde hypothèse : qu'est-ce que les parties auront le droit de faire ? Vont-elles, comme les y astreint la loi de 1892, ne pouvoir désigner leurs mandataires que parmi les intéressés, ou, au contraire, comme le demande M. Fagnot, vont-elles pouvoir demander que l'on appelle un représentant du syndicat patronal et un représentant du syndicat ouvrier en plus de leurs mandataires ?

M. GAVELLE. — Je crois que ce n'est pas cela que vient de nous dire M. Fagnot. Si j'ai bien compris ce qu'il nous propose, ce serait de nous en tenir à ce qui est voté, c'est-à-dire que le juge de paix, lorsqu'il le jugera convenable, pour toute espèce de conflit collectif, aussi bien pour les cas dans lesquels c'est lui qui prend l'initiative que pour les cas dans lesquels c'est une des parties qui la prend, que le juge de paix pourra convoquer les représentants des syndicats.

Je crois que le texte que nous avons voté a cette signification ; s'il ne l'a pas, on rectifiera ; mais, pour ma part, c'est ainsi que je l'ai compris, c'est-à-dire que le juge de paix, aussi bien dans le cas où il prend l'initiative que dans celui où elle est prise par les parties, a le droit de faire appel à un représentant du syndicat patronal et à un représentant du syndicat ouvrier.

Je trouve cette mesure très sage, parce que je suis certain que le juge de paix s'inspirera, pour convoquer ou ne pas convoquer, de l'esprit de conciliation ; c'est dans le but de faciliter l'entente qu'il appellera ou n'appellera pas le représentant de chacun des syndicats. S'il estime que le représentant du syndicat doit être un élément de trouble et de discorde, il ne le convoquera pas ; si, au contraire, il pense qu'il doive être un élément d'accord, il le fera venir à la réunion de conciliation ; mais je crois qu'il faut que nous nous arrêtions là. Si, au contraire, vous donnez à l'une des parties le droit d'appeler, même à titre consultatif, un représentant du syndicat, alors que cette partie veut appeler, non pas un élément de concorde, mais un élément de discorde, je crois que vous irez contre le but de la loi.

Laissez donc au juge la faculté de statuer. Que se passera-t-il en fait? Si l'une des parties désire avoir le représentant de son syndicat, elle écrira au juge de paix : « Monsieur le juge de paix, je vous prierai de vouloir bien convoquer le représentant de tel syndicat ». Si le juge n'y voit pas d'inconvénient, il fera droit à cette demande. Si, au contraire, il y voit un inconvénient, vous allez lui forcer la main par le texte que vous voudriez établir.

Réfléchissez un peu à ce que sont certains syndicats; s'il y en a qui sont véritablement pénétrés du désir d'aboutir à des solutions pacifiques, il y en a d'autres qui ne poursuivent qu'un but toujours le même, celui de n'accepter que des solutions révolutionnaires. Vraiment, il n'est pas nécessaire d'introduire ce dernier élément dans les conseils de conciliation; ce serait le moyen de faire échouer les pourparlers.

Je crois donc, Messieurs, qu'il faut que nous nous en tenions au texte voté tel que je viens de vous le rappeler et ne rien y ajouter.

M. Motteau. — J'appuie les paroles de M. Gavelle. Il faut que nous conservions au juge de paix le droit d'appeler un représentant du syndicat s'il le juge bon, mais nous ne devons pas donner aux parties le droit d'appeler qui bon leur semblerait, car cela pourrait amener du désordre.

M. Arquembourg. — Après les regrets que j'ai exprimés tout à l'heure, et que je croyais devoir exprimer, l'interprétation que vient de nous donner M. Gavelle me paraît être la seule qui puisse être admise. Je crois, comme lui, si on s'en rapporte à la sagesse du juge de paix, pour savoir si, oui ou non, les représentants des syndicats doivent être admis, que le texte peut être accepté. Mais je ne voudrais pas aller plus loin dans les concessions que je fais, je ne voudrais pas donner aux parties le droit d'imposer cette convocation.

M. LE PRÉSIDENT. — Il est reconnu, à l'heure actuelle, au juge de paix le droit de convoquer, s'il le désire, dans n'importe quel cas, un représentant du syndicat ouvrier et un représentant du syndicat patronal. Vous proposeriez que nous en restions là.

M. JAY. — Je n'avais pas interprété de la sorte le vote de la dernière séance, je l'avais interprété d'une façon plus stricte, je croyais le texte en question limité au cas où l'intervention du juge de paix se produit d'office. Je ne sais pas si cela ne résulte pas de la contexture des textes précédents.

M. LE PRÉSIDENT. — Les textes précédents n'aboutissent qu'à une chose, à rendre obligatoire la tentative de conciliation. Nous avons ensuite abordé un ordre d'idées tout différent : nous hous sommes occupés de la question de savoir si un représentant du syndicat patronal et un représentant du syndicat ouvrier pourraient assister à la tentative de conciliation. Nous avons décidé que le juge de paix pourrait convoquer ces représentants, s'il le jugeait utile. On nous propose de nous en tenir là. Si vous n'y voyez pas d'objection, ce sera chose faite.

M. JAY. — Voici ce qui fait la difficulté : actuellement, en cas d'intervention des parties, le juge de paix n'a à convoquer personne. Les parties se constituent elles-mêmes ; le juge de paix n'a le droit de convoquer personne...

M. ARQUEMBOURG. — Si, pardon, il peut convoquer qui

bon lui semble. Lorsque les parties vont trouver le juge de paix et qu'elles lui disent : « Nos mandataires sont telle et telle personne... », le juge de paix n'est pas lié envers elles.

M. JAY. — Par la loi actuelle, si.

M. ARQUEMBOURG. — Avec le texte nouveau, si le juge de paix le trouve convenable, il pourra convoquer un représentant du syndicat patronal et un représentant du syndicat ouvrier.

M. JAY. — S'il n'y a aucun doute, c'est parfait.

M. ARQUEMBOURG. — Je crois que c'est très nettement expliqué par la discussion qui vient d'avoir lieu.

On pourrait peut-être ajouter au texte que nous avons voté : « Dans tout conflit d'ordre collectif, le juge de paix pourra convoquer un représentant du syndicat ouvrier et un représentant du syndicat patronal », et il y aurait lieu de mettre « *s'il le juge convenable* ».

M. LE PRÉSIDENT. — Si personne ne demande la parole, cette addition est adoptée.

LE ROLE ET LES ATTRIBUTIONS
DES JUGES DE PAIX

Nous arrivons maintenant au troisième paragraphe qui émet le vœu que les juges de paix soient plus actifs.

Voici le texte proposé par les rapporteurs :

« L'Association regrette que jusqu'ici les juges de paix ne soient intervenus d'office que dans un petit nombre de grèves et elle prie le ministre de la Justice d'assurer, par de nouvelles instructions, l'application de l'article 10 de la loi ».

M. Jay. — Je voudrais demander à M. Fagnot pourquoi aucun des trois rapporteurs n'a jugé utile de reprendre une proposition qui avait été faite il y a longtemps déjà à la Chambre des députés par M. Jaurès, proposition qui visait à donner au juge de paix le droit — non pas de leur imposer l'obligation — d'intervenir d'office avant la déclaration de grève.

Cette intervention peut soulever des difficultés, mais elle peut aussi avoir de très gros avantages.

D'après les statistiques, les interventions d'office des juges de paix représentent 46 % des recours à la conciliation.

M. Arquembourg. — Je crois, au contraire, que l'intervention des juges de paix est très faible.

M. Jay. — Il me semble que le chiffre que je vous indique représente une belle proportion. C'est surtout dans ces dernières années que l'intervention du juge paix s'est affirmée comme un des plus utiles moyens de mettre en mouvement la procédure. Des hommes de toute opinion se sont préoccupés du fait que le juge de paix ne peut offrir ses services qu'en cas de grève déclarée.

Il semble qu'il y a des cas où le conflit est déjà assez apparent, avant même que la cessation de travail ait eu lieu, pour qu'il puisse être intéressant que le juge de paix puisse offrir sa médiation.

M. Arquembourg. — Voici les chiffres que donne M. Fagnot, page 7 de sa brochure : l'intervention des juges de paix est dans la proportion de 10,50 %.

M. Jay. — 46 % des recours ont été formés par le juge de paix.

M. Arquembourg. — Je vous demande pardon, je croyais que vous parliez des interventions des juges de paix par rapport aux grèves.

En ce qui me concerne, je ne vois aucun inconvénient à permettre au juge de paix d'intervenir avant la grève. Mais, les juges de paix n'intervenant pas suffisamment quand ils connaissent la grève, leur donner la faculté d'intervenir avant la grève, c'est peut-être une mesure illusoire.

M. Jay. — La proportion que je vous ai indiquée tout à l'heure prouve que l'intervention des juges de paix se produit déjà assez souvent.

M. le Président. — La proposition de M. Aftalion qui dit que le juge de paix, lorsqu'il sera informé de l'imminence d'une cessation collective du travail, pourra intervenir à la demande de l'une des parties, ne présente-t-elle pas déjà certains inconvénients? C'est une simple question que je pose.

N'y a-t-il pas certains inconvénients à permettre à l'une des parties, alors qu'il n'y a pas de conflit, alors qu'il n'y a pas cessation de travail, de demander au juge de paix de venir s'immiscer entre les parties ?

Autant pour ma part je suis partisan de conversations périodiques entre patrons et ouvriers avant le conflit, autant je me demande s'il n'y aurait pas d'inconvénient à ce que sur la demande de l'une des parties, un tiers fût obligé d'intervenir.

M. Motteau. — Je ne vois aucun inconvénient à ce que le juge de paix fasse venir les parties devant lui. Le but de la loi, c'est d'éviter la grève, de la prévenir par des conversations entre patrons et ouvriers. Avec la proposition de M. Aftalion, je crois que les grèves seront évitées la moitié du temps parce que patrons et ouvriers se réuniront, se causeront, discuteront de leurs affaires, et la grève ne se produira pas.

M. GAVELLE. — Nous sommes en présence de deux propositions qui me paraissent avoir un caractère distinct, celle de M. Jay et celle de M. Aftalion.

La proposition de M. Jay donne au juge de paix, avant la grève, la possibilité d'intervenir, même sans que l'une des parties ne sollicite son intervention, pour provoquer une tentative de conciliation. Au contraire, la proposition de M. Aftalion réduit l'intervention du juge de paix au cas où elle est sollicitée par une des deux parties.

J'estime que la proposition de M. Aftalion est tout à fait suffisante...

M. JAY. — C'est la loi actuelle.

M. GAVELLE. — Pardon, ce n'est pas la loi actuelle; actuellement le juge de paix ne peut intervenir qu'une fois la grève déclarée.

M. JAY. — Intervenir d'office.

M. GAVELLE. — Mais alors la proposition de M. Aftalion n'aurait pas de raison d'être, si c'était déjà dans la loi.

M. JAY. — La proposition de M. Aftalion tend à rendre la comparution obligatoire.

M. GAVELLE. — Nous nous sommes déjà prononcés pour l'obligation. Je suis d'avis qu'il n'est pas nécessaire d'attendre que la grève soit déclarée pour agir. Mais, d'autre part, si les deux parties désirent s'entendre entre elles, il faut les laisser libres de le faire, et c'est pourquoi je n'accepte pas la proposition de M. Jay. Je crois qu'il y aurait des inconvénients à autoriser le juge de paix à faire appeler en conciliation deux parties qui voudraient s'entendre entre elles, car on pourrait avoir affaire à des juges de paix qui, comme Perrin-Dandin, aimeraient par trop à concilier. Or, ce n'est certainement pas ce que nous voulons, et du moment que les parties pensent que la conciliation se fera r 'eux sans l'intervention du juge, nous devons les laisser agir à leur guise.

M. Jay. — Je demande à préciser. Nous avons voté l'obligation de la comparution à la tentative de conciliation, mais je reconnais qu'il serait peut-être exagéré que cette tentative de conciliation soit obligatoire avant la déclaration de la grève, c'est-à-dire avant la cessation du travail qui est la preuve saisissable du conflit.

Dans ma pensée, l'intervention du juge de paix avant la cessation du travail n'entraînerait pas l'obligation de la comparution, les parties pourraient dans ce cas ne pas se rendre à l'invitation du juge de paix sans, pour cela, s'exposer à une amende.

J'ai souvent entendu attribuer le peu de succès des interventions du juge de paix à l'impossibilité dans laquelle il se trouve d'agir tant que la grève n'est pas déclarée, tant que la cessation du travail ne s'est pas produite.

M. Fagnot. — On pourrait peut-être trouver un terrain d'entente entre les opinions respectives de M. Jay et de M. Gavelle si l'on prenait le texte proposé par M. Aftalion en remplaçant dans ce texte le mot « devra » par le mot « pourra ».

M. le Président. — Je ne le pense pas, parce que vous maintenez toujours la réquisition de l'une des parties et M. Jay est d'avis que cette réquisition ne soit pas nécessaire.

M. JAY. — Actuellement le juge de paix peut intervenir sur la réquisition de l'une des parties, mais je pensais qu'il pouvait être intéressant que le juge de paix pût offrir sa médiation, même lorsqu'elle ne lui était demandée par personne. Mais je n'insiste pas si vous n'y voyez aucun intérêt.

M. ARQUEMBOURG. — On pourrait peut-être mettre : « Lorsque le juge de paix aura connaissance de l'imminence d'un conflit, il pourra prendre l'initiative …» etc.

M. GAVELLE. — Lorsqu'une partie, avant la grève, demande au juge de paix de provoquer une tentative de conciliation, j'estime qu'il est du devoir du juge de paix de convoquer les parties, et qu'il devrait y être obligé et qu'il y ait obligation pour les parties d'assister à la tentative de conciliation. Au contraire, lorsque le juge de paix a connaissance de l'imminence d'un conflit, et bien qu'il n'en soit requis par aucune des parties, il pourrait convoquer les parties devant lui, mais, dans ce cas, il n'y aurait aucune obligation pour elles de se rendre à cette convocation.

M. LE PRÉSIDENT. — Ce que l'on propose, c'est de voter d'abord sur la proposition de M. Aftalion :

Le juge de paix lorsqu'il sera informé par l'une des parties, dans les formes prévues à l'article 2 de la loi de 1892, de l'imminence d'une cessation collective du travail, et qu'il sera requis d'intervenir par cette partie, devra provoquer une tentative de conciliation. Il ordonnera, dans ce but, la comparution des parties ou de leurs mandataires qui seront tenus de se rendre à la convocation.

Il n'y a pas d'opposition?

Le texte de M. Aftalion est adopté.

On vous demande ensuite d'ajouter :

Le juge de paix pourra même provoquer cette tentative de conciliation sans avoir été sollicité par une des parties, mais dans ce cas-là cette tentative de conciliation ne sera pas obligatoire.

M. Motteau. — J'appuie cette proposition de M. Jay, parce que, dans bien des cas, les ouvriers n'osent pas aller trouver le juge de paix, tandis que, si celui-ci agit d'office, cela pourra simplifier bien des choses.

La proposition, mise aux voix, est adoptée.

M. le Président. — Monsieur Fagnot, maintenez-vous votre texte demandant que les juges de paix soient invités par le ministre de la Justice à assurer l'application de l'article 10 ?

M. Jay. — Je ne parle pas en ce moment en mon nom, mais au nom de M. Aftalion qui, sur ce point, a proposé le texte suivant : « Le juge de paix devra toujours provoquer une tentative de conciliation après la cessation collective du travail. Il ordonnera, dans ce but, la comparution des parties ou de leurs mandataires, qui seront tenus de se rendre à la convocation. »

La proposition de M. Fagnot a un caractère beaucoup plus atténué. On peut soutenir qu'elle ne modifie pas la portée de la loi actuelle.

Il y aurait lieu, en tous cas, à mon avis, de demander que de nouvelles instructions soient données aux juges de paix.

M. Arquembourg. — C'est peut-être là que se trouve la solution, car il existe aujourd'hui des instructions qui recommandent aux juges de paix d'agir avec prudence et qui bien souvent les font reculer devant une initiative.

Nous pourrions donc exprimer le vœu que les juges de paix reçoivent des instructions qui leur disent d'intervenir le plus fréquemment possible.

M. FAGNOT. — Tout en regrettant beaucoup de parler contre la proposition de M. Aftalion en son absence, je vous demanderai de maintenir le texte que vous proposc.

M. Aftalion voudrait que, dans tous les cas, le juge de paix soit tenu de faire fonctionner la loi de 1892. Je me borne, au contraire, à vous demander d'inviter le ministre de la Justice à modifier les instructions en vigueur, et je suis persuadé que cette manière d'agir donnerait les meilleurs résultats.

Nous sommes en face d'un magistrat cantonal qui, dans son canton, doit avoir une autorité morale. Il ne faut donc pas que son intervention dans les conflits du travail — encore que ces conflits nous intéressent au plus haut point — puisse comprometre son autorité morale. Il ne faudrait pas, pour sauvegarder la paix sociale, nuire à la bonne administration de la justice. C'est ce qu'a prévu la Chancellerie.

Si l'on suit de près le fonctionnement de la loi, il faut reconnaître qu'il y a, pour les juges de paix, des cas embarrassants, au sujet desquels ils peuvent d'ailleurs consulter le procureur de la République pour savoir s'ils doivent mettre la loi en mouvement. Il arrive aussi que le procureur invite le juge de paix à intervenir par application de l'article 10 de la loi.

C'est pour tenir compte de ces difficultés qu'il faudrait nous borner à demander au Ministère de la Justice d'étudier le problème, de voir les résultats obtenus, comme nous le faisons nous-mêmes, et de donner de nouvelles instructions aux magistrats. Nous ne devons pas aller jusqu'à demander que, dans tous les cas, le juge de paix soit tenu d'intervenir. Si nous allions jusque-là, la Chancellerie y verrait certainement des inconvénients.

Voici un exemple. J'arrive d'une petite ville de 50,000 habitants où j'ai étudié le travail de nuit dans la boulangerie. Or, dans cette ville, en ce qui concerne les conflits du travail, les patrons des petites industries locales ne veulent pas entendre parler du juge de paix. Ils préfèrent l'intervention du maire. Ainsi, les juges de paix qui ne négligent aucune occasion d'appliquer la loi de 1892 n'obtiennent pour ainsi dire aucun résultat. Pour expliquer cet insuccès, les autorités de la ville déclarent : « Ici les juges de paix n'ont pas d'autorité morale sur les parties en conflit, surtout dans le petit commerce et la petite industrie. » Vous le voyez, le juge de paix ne peut pas, dans tous les cas, faire fonctionner la loi sans précaution.

Il faut néanmoins demander au Ministère de la Justice d'étudier le problème, qui est fort important. Il faut lui demander de nouvelles instructions en vue d'obtenir un peu plus d'initiative de la part des magistrats cantonaux. Les cas spéciaux mis à part, il reste un trop grand nombre de grèves dans lesquelles le juge de paix n'est pas intervenu, alors que son intervention aurait pu produire un excellent effet.

M. Razous. — Je demande la parole pour une question de forme.

Je vois dans les vœux proposés par M. Fagnot, sous la rubrique 3°, le vœu qui fait l'objet de la discussion ; je suis d'accord avec lui pour la teneur de ce vœu, mais je trouve étonnant que, sous la rubrique « réforme de la loi de 1892 », on parle de ces instructions.

La place de ce vœu serait sous une autre rubrique et

non pas sous celle qui a trait à la réforme de la loi de 1892.

M. LE PRÉSIDENT. — Puisque nous venons de nous occuper de cette question, et pour ne pas avoir à la reprendre, nous allons procéder au vote sur ce point; mais, dans la rédaction définitive des vœux, il sera tenu compte de l'observation de M. Razous.

M. MOTTEAU. — Je suis tout à fait opposé à la proposition de M. Fagnot. Je pense qu'il faut que le juge de paix soit obligé d'intervenir; sans cela il se produira trop de cas dans lesquels le juge de paix n'interviendra pas, alors qu'il aurait pu le faire utilement.

M. LE PRÉSIDENT. — L'amendement qui vous est soumis ne vise pas à modifier le texte de l'article 10. Il dit : « En cas de grève, le juge de paix invite d'office les patrons et ouvriers à lui faire connaître, etc. ».

M. Fagnot demande au ministre de la Justice d'assurer autant que possible l'application de cet article 10 tel qu'il est.

M. MOTTEAU. — Il faut que le juge de paix soit obligé d'intervenir, sans cela il n'interviendra jamais et la moitié des grèves ne seront pas solutionnées.

M. LE PRÉSIDENT. — On peut soutenir que l'obligation est inscrite dans l'article 10.

M. MOTTEAU. — Alors pourquoi M. Fagnot soutient-il le contraire?

M. LE PRÉSIDENT. — M. Fagnot ne soutient pas cela ; il regrette que le ministre de la Justice donne des instructions qui empêchent l'initiative des juges de paix.

M. Gavelle. — Je m'associe complètement aux observations de M. Fagnot, qui me paraissent probantes. Je crois qu'il y aurait, au contraire, de très gros inconvénients à adopter le texte de M. Aftalion.

M. le Président. — Je mets aux voix le texte de M. Fagnot. Que ceux qui en sont partisans le manifestent en levant la main ?

Avis contraire ? Il n'y en a pas.

Le texte de M. Fagnot est adopté à l'unanimité en tenant compte de la réserve faite par M. Razous. Ce texte est ainsi conçu :

L'Association regrette que jusqu'ici les juges de paix ne soient intervenus d'office que dans un petit nombre de grèves, et elle prie le ministre de la justice d'assurer, par de nouvelles instructions, l'application de l'article 10 de la loi.

M. le Président. — Ici se placerait une proposition de M. Aftalion, qui est ainsi conçue :

« Avis de toute cessation de travail devra être donné au juge de paix, dans les vingt-quatre heures, par l'employeur, sous peine d'une amende de 1 à 5 francs. »

Il y a un lapsus ; certainement il faut lire : « Avis de toute cessation collective de travail ».

M. Motteau. — Une amende de 5 francs, ce n'est pas assez pour un patron, il faut mettre au moins 20 francs.

M. le Président. — Il faut d'abord que nous discutions le principe.

M. Gavelle. — Je suis l'adversaire du principe. Ce texte, d'ailleurs, a un gros inconvénient, c'est qu'il est unilatéral. Pourquoi obliger le patron à faire connaître la grève tandis qu'on n'y oblige pas les ouvriers ? Il est tout à fait contraire à l'esprit de la loi de faire un texte unilatéral.

En outre de cela, lorsqu'on aura annoncé une grève au juge de paix, on se croira obligé d'aller jusqu'au bout et les pourparlers entre les parties seront complètement interrompus jusqu'à ce que le juge de paix intervienne.

M. BOISSARD. — Je voudrais savoir comment on pourra dire si le conflit est collectif ou non. La grève, la rupture du contrat peut commencer par la défection de cinq ou six employés et augmenter successivement. A quel moment courront les vingt-quatre heures de délai qui sont accordées au patron ?

M. ARQUEMBOURG. — Je vois un inconvénient à ce texte, c'est que très souvent il se produit des conflits avec un très petit nombre d'ouvriers, qui s'apaisent au bout de quelques heures, et, dans ces cas-là, il peut être très embarrassant pour un industriel d'aller déclarer qu'il y a une grève chez lui.

Il y a aussi une autre difficulté : c'est que cette obligation est unilatérale. Il vaut mieux laisser les patrons et les ouvriers chercher entre eux le moyen de solutionner le différend avant d'aller en avertir le juge de paix, surtout lorsqu'il s'agit de petites discussions comme il peut s'en produire presque journellement.

Je vous dirai en outre — c'est une observation d'un ordre un peu différent — que cette proposition de M. Aftalion figure dans ses propositions primitives. Nous nous étions mis d'accord sur certains textes parce que nous avions considéré comme nécessaire d'éliminer certaines propositions. A chaque instant, M. Aftalion reprend les textes qu'il a proposés lui-même, auxquels nous avons vu certains inconvénients, il les reprend même à l'aide d'un intermédiaire. Je trouve que nous n'aboutirons certainement à rien si nous voulons remettre chaque chose en discussion, surtout lorsqu'il s'agit de points qu'après une longue discussion nous avions décidé d'éliminer d'un commun accord.

M. Jay. — Je tiens à vous dire que si j'ai repris le texte de M. Aftalion c'est parce que j'ai entre les mains une lettre précise dans ce sens.

M. Arquembourg. — C'est ce qui m'étonne.

M. Jay. — Il y a là une proposition complémentaire qui a son intérêt. Il me paraissait tout naturel que M. Aftalion ait désiré qu'elle fût signalée à la réunion.

M. le Président. — Le désir de M. Aftalion a été exaucé puisque la proposition a été discutée.

Je vais maintenant la mettre aux voix. Que ceux qui sont d'avis de l'adopter veuillent bien le manifester en levant la main ?

Avis contraires ? La proposition est repoussée.

Nous arrivons maintenant, si je ne me trompe, aux conseils permanents.

M. Fagnot. — Etant donnée l'absence très involontaire de M. Aftalion et par convenance envers notre corapporteur, je voudrais prier l'assemblée de ne pas aborder ce sujet aujourd'hui. Il s'agit d'une question très nouvelle à propos de laquelle il y a divergence entre M. Aftalion et nous.

Ainsi qu'il l'a fort bien exposé dans son rapport, à l'exemple de ce qui se fait en Angleterre, M. Aftalion vous propose le conseil professionnel permanent de conciliation et d'arbitrage ; M. Arquembourg et moi, nous nous bornons à faire un premier pas dans la même voie en proposant le conseil interprofessionnel, le conseil local. L'institution que nous proposons peut être comparée, quant à l'organisation, au conseil de prud'hommes. Ce dernier est, en effet, une institution interprofessionnelle, puisque ses membres appartiennent aux diverses professions de la localité.

Mais il y a des raisons très importantes à faire valoir en faveur du système proposé par M. Aftalion et, pour ce motif, je vous demande de réserver la question pour la prochaine séance.

M. LE PRÉSIDENT. — Si je me rends bien compte de ce que vous demandez, il ne resterait plus que deux vœux à trancher ce soir, l'un relatif à l'industrie des mines, l'autre à la grande industrie.

M. FAGNOT. — Une autre question pourrait être discutée en l'absence de M. Aftalion, parce qu'il n'y a pas d'opposition entre nous sur ce point. C'est le dernier alinéa de ma proposition, que M. Arquembourg veut bien accepter, non sans avoir fait un grand sacrifice à ses opinions personnelles. Le texte est ainsi conçu :

« Le conseil permanent pourra, en cas d'échec de la tentative de conciliation, retenir l'affaire et indiquer une solution sur les points en litige. »

M. LE PRÉSIDENT. — Il me paraît bien difficile de discuter sur les attributions du conseil permanent avant de savoir comment il sera constitué.

Tout ce que nous pourrions faire ce soir, ce serait de discuter le paragraphe 5 et les deux autres vœux, sauf, d'ailleurs, si nous en avons le temps, à amorcer la discussion sur les conseils permanents, discussion que nous continuerions avec M. Aftalion dans notre prochaine réunion.

M. ARQUEMBOURG. — Nous devons respecter le droit de discussion de notre corapporteur, M. Aftalion, mais je ne sais pas si la proposition qu'il nous fait entre bien dans le cadre de la discussion actuelle, qui traite des modifications à apporter à la loi de 1892. Dans une première partie, M. Aftalion parle bien des modifications à apporter à la loi de 1892, mais, dans sa seconde partie, il nous propose la constitution de conseils professionnels de conciliation. Il ne prévoit même pas quel sera le rôle de ces conseils professionnels de conciliation en cas de conflit du travail. Ce sont, à mon avis, des conseils auxquels il attribue un rôle tout à fait spécial, ce ne sont pas des conseils constitués pour intervenir en cas de conflit du travail. C'est une chose toute différente des comités de conciliation que M. Fagnot et moi avons prévus pour intervenir dans les conflits du travail, suppléer ou aider le juge de paix dans sa tâche.

LE ROLE DU GOUVERNEMENT
DANS LES CONFLITS IMPORTANTS

M. LE PRÉSIDENT. — Nous reprendrons vos observations tout à l'heure, lorsque nous discuterons les conseils permanents. Si vous le voulez, nous allons d'abord commencer par discuter le cinquième vœu et les deux derniers et vous aurez alors la parole dans la discussion générale sur les conseils permanents de conciliation.

Le vœu que propose M. Fagnot est celui-ci : « En ce qui concerne les conflits d'une certaine importance, la loi devrait autoriser le Ministère du Travail à seconder dans leurs efforts les organes officiels ou privés institués pour le règlement des conflits ou même à prendre l'initiative de la conciliation ».

M. FAGNOT. — Cette formule ne fait que reproduire la pensée même de la loi qui est en vigueur depuis 1896 en Angleterre ; dans ce pays, la loi de 1896 a remplacé des législations qui, beaucoup plus précises, prétendaient être plus efficaces. La loi actuelle se borne, en Angleterre, à donner au Board of Trade le droit d'intervenir dans les grèves, en vue de faciliter leur règlement et, d'autre part, d'aider à la formation de comités permanents de conciliation, soit professionnels, soit interprofessionnels ou de district.

En ce qui concerne l'efficacité directe de la loi anglaise sur les conflits eux-mêmes, mon rapport contient les chiffres exacts. Ces chiffres ne sont pas très importants en nombres absolus ; mais, si l'on considère que c'est par application de la loi de 1896 que M. Lloyd George, ministre du Commerce, a pu, en 1907, éviter la grève des chemins de fer, vous voyez l'importance de cette loi.

En d'autres cas, grâce à cette loi, le gouvernement anglais a pu, par son initiative directe ou celle de ses représentants, jouer un rôle très efficace dans les conflits.

Le gouvernement français pourrait remplir la même tâche ; il possède les mêmes organes, fondés déjà depuis une vingtaine d'années. A l'heure actuelle, il ne peut intervenir dans les conflits du travail qu'avec une extrême prudence, une très grande circonspection. Il ne serait pas tenu à une aussi grande réserve si le législateur lui donnait expressément l'autorisation d'intervenir dans les conflits en vue de faciliter leur solution.

Pour ma part, je crois qu'il y aurait intérêt à ce que, dans les grands conflits, le gouvernement, par l'organe du Ministère du Travail, ait toujours voix au chapitre. Il en userait avec discrétion, mais il devrait pouvoir ouvertement intervenir dans les conflits importants. Il pourrait même, dans ma pensée, faire comme en Angleterre, c'est-à-dire prendre l'initiative de la conciliation. Sur ce point délicat, il n'abuserait certainement pas de la permission, car il ne pourrait agir qu'avec prudence, étant donné qu'il engagerait ainsi sa responsabilité.

L'expérience prouve — MM. Briat et Malbranque qui sont ici ne me démentiront pas — qu'un délégué ouvrier venant de Paris dans une localité où un conflit se déroule, désire presque toujours que le conflit soit rapidement réglé. Même quand ce délégué appartient à la C. G. T. — et, en effet, il en fait souvent partie — il apporte un esprit de conciliation qu'on ne soupçonne pas toujours. Il voit les choses d'une manière plus sereine, plus désintéressée, en quelque sorte, que les habitants du pays. On constate, d'ailleurs, que les délégués de patrons venant de l'extérieur sont également animés d'un esprit très conciliant.

Si les représentants directs du monde du travail exercent ainsi une action pacifiante, ne pensez-vous pas que le gouvernement, par l'intermédiaire du Ministère du Travail, pourrait en faire autant, et même mieux? Outre les organes spéciaux dont il dispose, il a des moyens d'action que les intéressés ne possèdent pas et ne peuvent posséder.

Le Ministère du Travail, dans tous les cas convenables, devrait prendre l'initiative de la conciliation. En outre, il devrait avoir le droit de seconder les organes officiels existants, le juge de paix, dans certains cas, le conseil permanent, si nous le votons. Pour ces motifs, à l'exemple de l'Angleterre, la loi française devrait donner au Ministère du Travail le droit d'agir en vue de solutionner les conflits du travail, toutes les fois que cette intervention pourrait être utile.

M. LE PRÉSIDENT. — Je comprends très bien et j'approuve complètement l'idée qui guide les observations de M. Fagnot, mais je me demande sous quelle forme on pourrait les concréter dans la loi, et je lui fais remarquer d'autre part — ce qu'il sait au moins aussi bien que moi — que l'on n'a pas attendu la loi pour que le gouvernement, dans les conflits d'une certaine importance, intervienne, soit par l'organe du Ministère du Travail, soit par celui de ses représentants, préfets ou autres.

Par conséquent, ma question est celle-ci : Je ne vois pas bien comment un article de loi peut donner au gouvernement le droit, encore plus, le devoir d'intervenir dans des conflits pour prendre l'initiative de la conciliation.

M. GAVELLE. — Messieurs, l'observation que je vais présenter ne répond pas à la question de rédaction que pose M. le Président, elle répond à l'esprit de M. Fagnot.

Je partage le sentiment de M. Fagnot quant à l'utilité qu'il peut y avoir à ce que le gouvernement intervienne dans certains conflits d'assez grande importance, mais, si l'on devait admettre le texte de M. Fagnot, j'y présenterais un amendement qui consisterait à remplacer le mot « Ministère du Travail » par le mot « gouvernement ». En effet, actuellement, des conflits assez importants ont été solutionnés par d'autres ministères que le Ministère du Travail, par le président du Conseil ; je crois donc qu'il est infiniment préférable d'adopter cette forme générale « le gouvernement » plutôt que celle beaucoup plus particulière de « Ministère du Travail ». En outre, le Ministère du Travail est plutôt le représentant des classes ouvrières, de même que le Ministère du Commerce et de l'industrie est le représentant de la classe patronale ; ni l'un ni l'autre ne sont spécialement qualifiés pour s'occuper des conflits, c'est le gouvernement tout entier qui doit aviser et dire si ce sera le Ministère du Travail ou un autre qui sera chargé d'intervenir.

M. Razous. — Contrairement aux idées de M. Fagnot, je crois qu'il ne serait pas utile de faire figurer dans une loi cette autorisation donnée au gouvernement ou au Ministère. Elle existe d'une façon implicite ; la plupart des ministres du Travail et même des autres ministres interviennent pour régler des conflits ouvriers ; mais ils le font d'une façon, comment dirai-je, occulte...

M. Fagnot. — Discrète.

M. Razous. — Parfaitement. — Il faut, en outre, si la tentative ne réussit pas, sauvegarder l'autorité du ministre. On peut donc, à mon avis, continuer à agir comme on le fait à l'heure actuelle, mais il ne faut pas inscrire cette disposition dans une loi.

M. Fagnot. — Il s'agit simplement d'inscrire dans la loi l'autorisation pour le ministre d'intervenir dans les conflits.

M. le Président. — Il faudrait que vous nous présentiez un texte.

M. Fagnot. — A cet égard, voici les dispositions essentielles de la loi anglaise :

En cas de différend, déclaré ou imminent, entre un employeur ou une catégorie d'employeurs et des ouvriers, ou entre différentes catégories d'ouvriers, le Board of Trade peut, s'il le croit utile, exercer tout ou partie des pouvoirs suivants, savoir :

a) Faire une enquête sur les causes et les circonstances du différend ;

b) Faire les démarches nécessaires pour organiser une

entrevue entre les parties adverses ou leurs représentants, dans le but de régler le différend à l'amiable, sous la présidence d'une personne choisie par elles d'un commun accord, ou nommée par le Board of Trade ou par quelque autre corps ou personne ;

c) Sur l'appel des employeurs ou des ouvriers intéressés, après avoir considéré les détails de l'affaire et constaté l'existence de dispositions favorables à la conciliation dans le district ou l'industrie, nommer une ou plusieurs personnes pour agir comme conciliateurs ou conseil de conciliation ;

d) Sur la demande des deux parties, nommer un arbitre.

En exécution de la loi, le Board of Trade est intervenu à plusieurs reprises dans des grèves importantes. Ainsi, en 1909, dans un différend portant sur 110,000 mineurs du pays de Galles, le délégué du Board of Trade parvint à prévenir le conflit ; il est vrai que, dans ce cas, la grève a éclaté l'année suivante.

En ce qui concerne la formation d'institutions permanentes, la loi anglaise lui donne encore des attributions bien définies, elle dit :

Si le Board of Trade reconnaît que dans quelque district ou industrie, il n'existe pas de moyens appropriés pour soumettre les différends à un conseil de conciliation, il peut nommer une ou plusieurs personnes pour faire une enquête sur les conditions de l'industrie ou du district, conférer avec les employeurs et les ouvriers, et, si le Board of Trade le juge bon, avec les autorités ou les associations locales, afin de discuter sur l'opportunité de l'établissement d'un conseil de conciliation pour le district ou une industrie déterminée.

A l'exemple de l'Angleterre, nous vous proposons de demander au législateur l'adoption d'un texte invitant le ministre à intervenir dans les conflits. Nous ajoutons ainsi un nouveau moyen, qui peut être très efficace en certains cas, de régler les conflits du travail. Au surplus, comme le demande M. Gavelle, on peut parfaitement, dans le texte, mettre « le gouvernement » au lieu du « Ministère du Travail ».

M. ARQUEMBOURG. — Au premier abord cette disposition peut paraître inutile, car le devoir d'un gouvernement c'est de maintenir l'ordre, c'est-a-dire d'intervenir dans les conflits qui peuvent être l'objet de désordre. Lorsque le conflit se propage, l'intervention du gouvernement est tout indiquée. Il n'en est pas moins vrai que le gouvernement n'interviendra jamais qu'avec beaucoup de discrétion ; il n'interviendra que lorsque la nécessité de son intervention sera évidente ; il peut être retenu d'intervenir par la crainte de compromettre un peu de son autorité en cas d'échec.

En outre, on n'aime pas toujours voir intervenir, dans une grève de moindre importance, un tiers, un représentant du gouvernement. Il est évident que, dans ce cas-là, l'intervention d'un représentant du gouvernement sera admise plus facilement si la loi prévoit que lorsqu'une grève sera déclarée, le devoir du gouvernement sera de chercher à la solutionner. C'est une indication qui sera donnée par la loi non seulement au gouvernement, mais aux intéressés eux-mêmes, qui accepteront mieux cette intervention.

C'est à ce point de vue-là que, tout en ne voyant pas une très grande utilité à cette disposition, je me suis rallié à la proposition de M. Fagnot.

M. LE PRÉSIDENT. — Je ne la combats en aucune manière, j'ai simplement demandé des précisions.

M. MOTTEAU. — Pourquoi ne prendrait-on pas l'article de M. Aftalion qui traite de ce point ?

M. ARQUEMBOURG. — Ce n'est pas la même chose.

Mme DE MAGUERIE. — A quel moment le gouvernement devra-t-il intervenir? Avant ou après le juge de paix?

M. BRIAT. — Je ne viens pas soutenir ici que la loi devrait absolument porter cette indication de M. Fagnot, mais je voudrais attirer votre attention sur l'utilité qu'il y aurait à envoyer, dans les grèves importantes et même dans les grèves modestes, un homme qui pourrait étudier impartialement la question, donner des conseils aussi bien aux ouvriers qu'aux patrons. Si parfois les grèves deviennent violentes, c'est parce que l'on n'a pas eu à côté de soi un secrétaire de syndicat, quelqu'un de compétent pour renseigner les parties. Je considère que le Ministère du Travail, qui n'est pas essentiellement le Ministère des travailleurs, qui doit être le Ministère des patrons et des ouvriers, devrait envoyer dans les conflits un homme n'ayant pas le caractère préfectoral, un homme indépendant, qui viendrait, comme un enquêteur, pour donner des conseils. C'est un peu le rôle qu'ont joué dans certaines grèves les enquêteurs du Ministère du Travail, et je suis certain que, du côté ouvrier, on serait très heureux d'avoir à côté de soi un homme comme celui dont je vous parle.

M. RAZOUS. — Je suis d'accord pour reconnaître la nécessité de cette intervention, mais je voudrais qu'elle reste officieuse, et je ne voudrais pas voir, au moment d'une grève, arriver une personne quelconque, se disant représentant du Ministère du Travail, et qui indisposerait les patrons et les ouvriers plutôt que de les amener à conciliation.

Et puis il y a ceci : c'est que cela va créer de nouveaux fonctionnaires.

D'ailleurs, comme cette invitation n'a pas de sanction, je demande qu'on ne l'inscrive pas dans la loi, et je vous propose de supprimer purement et simplement ce vœu de M. Fagnot.

M. LE PRÉSIDENT. — Que ceux qui sont d'avis d'adopter, avec la rectification de M. Gavelle, la proposition de M. Fagnot, veuillent bien le manifester en levant la main ?

Le texte, mis aux voix, est adopté. Il est ainsi conçu :

En ce qui concerne les conflits d'une certaine importance, la loi devrait autoriser le Gouvernement à seconder dans leurs efforts les organes officiels ou privés institués pour le règlement des conflits, ou même à prendre l'initiative de la conciliation.

LES SUBVENTIONS AUX DIVERS ORGANES DE CONCILIATION

M. LE PRÉSIDENT. — Nous arrivons maintenant au vœu suivant :

« L'Etat devrait allouer des subventions aux conseils permanents visés par le vœu n° 4, ainsi qu'aux commissions mixtes et autres institutions fondées entre employeurs et employés d'une même profession pour le règlement des différends collectifs. »

M. FAGNOT. — En Angleterre, où les organes de conciliation sont très développés, personne n'a jamais demandé à l'Etat des subventions en leur faveur. Nous croyons cependant que, dans notre pays, il serait à la fois utile et légitime que l'Etat voulût bien donner un concours financier à ces institutions si nécessaires.

Des institutions permanentes de conciliation et d'arbitrage peuvent seules agir avec une pleine efficacité sur les conflits du travail. Tout le monde est d'accord sur ce point. Dès lors, le fonctionnement de ces institutions devant occasionner quelques frais, il faut se demander par qui il convient de les faire supporter. Si les intéressés doivent en prendre une large part, il nous semble que l'Etat peut également donner une contribution. Cette aide pécuniaire, qui ne sera jamais très importante, autoriserait l'Etat à donner les conseils propres à assurer le fonctionnement des institutions dont il s'agit.

Dans la plupart des cas, le secrétaire du comité permanent lui consacrera un temps donnant droit à une indemnité. La commune, quelquefois les patrons, donneront bien une certaine somme ; mais, lorsqu'il faudra trouver 5 ou 600 francs par an, est-ce que l'Etat ne pourrait pas verser sa part ? Ne pourrait-il pas donner, par exemple, la moitié de la somme nécessaire au fonctionnement de chaque comité permanent ?

Il est bien entendu, dans notre esprit, que l'Etat devrait subventionner toutes les institutions permanentes, aussi bien les commissions mixtes formées par les intéressés que les conseils qui pourraient être institués par la loi.

M. Gavelle. — Je ne méconnais pas l'esprit français qui est toujours porté à demander de l'argent à l'Etat, mais je crois que c'est une pente sur laquelle il ne faut pas trop se laisser glisser. Les subventions que l'on demande à l'Etat ont un très gros inconvénient, c'est qu'on ne sait jamais si elles vont bien là où elles devraient aller.

Je crois que, dans l'espèce, il faudrait au moins réserver la proposition de M. Fagnot jusqu'à nous ayons traité des conseils permanents parce que, suivant que ces organisations seront locales ou professionnelles, nous pourrons avoir des solutions différentes.

J'avoue qu'actuellement, tel que j'entrevois le problème, j'aimerais infiniment mieux que ce soit les communes qui subventionnent les conseils de conciliation. Cela me paraît infiniment plus une attribution de l'organisation locale, qui se défend contre des conflits dont elle souffre, que celle d'une institution gouvernementale où ce sont toujours les influences politiques, les influences parlementaires qui jouent le grand rôle et non pas les intérêts généraux du pays.

M. Fagnot. — Si les communes rendent des services administratifs considérables, si elles constituent la base de la vie publique, il est permis de dire cependant que, lorsqu'il s'agit de problèmes nouveaux, même de moindre importance que celui qui nous occupe aujourd'hui, il est difficile de compter dans toutes les cités sur le concours des autorités communales. Les institutions nouvelles ont souvent beaucoup de peine à gagner les sympathies actives des édiles ; comment espérer leur appui financier, sauf dans un certain nombre de centres, en faveur d'une œuvre sociale qui, au début, heurtera beaucoup de préjugés, beaucoup de conceptions politiques ou sociales très enracinés ? On a parlé de l'intrusion de la politique dans la répartition des subventions de l'Etat. Il serait vraiment facile de citer des injustices commises dans le même domaine par les petites rivalités communales.

Mme DE Maguerie. — Je me rallie à la proposition de M. Gavelle, car il me semble que l'on est trop porté à avoir recours à l'Etat. Si vous créez des comités permanents et que vous estimez qu'ils ont besoin de subsides, mais il y a les communes, il y a les syndicats, patronaux et ouvriers, les fédérations, qui peuvent leur venir en aide.

M. JAY. — On pourrait faire appel à la fois aux communes et à l'Etat.

M. RAZOUS. — Je suis d'accord avec Mme de Maguerie et M. Gavelle pour dire qu'il vaut mieux avoir recours à la subvention communale. Dans le cas qui nous occupe, qu'est-ce qui avant tout a intérêt au maintien de la paix? C'est la commune, parce que la commune est responsable des dégâts pour fait de grève lorsqu'on peut établir qu'elle n'a pas pris les précautions nécessaires pour l'éviter. Par conséquent, j'estime que c'est la commune qui doit prendre sa part des frais occasionnés par l'établissement de comités permanents de conciliation.

Il y a, en outre de cela, à considérer que les subventions données par une commune peuvent être beaucoup mieux contrôlées que si elles viennent d'une administration lointaine.

M. LE PRÉSIDENT. — M. Fagnot accepte-t-il l'addition de « l'Etat ou les communes » ?

M. FAGNOT. — Très volontiers.

M. GAVELLE. — Il y aurait peut-être un moyen de nous mettre d'accord, ce serait de dire que les dépenses occasionnées par la conciliation seraient obligatoires pour la commune.

Quant à la question des subventions, nous ne nous en occuperions pas pour le moment.

Je suis ennemi des subventions qui viennent de loin. J'ai été conseiller général, j'ai fait partie de la commission administrative du conseil départemental et j'ai vu que l'on donnait des subventions aux pompiers, j'en ai vu pour des achats de drapeaux, j'en ai vu donner aux orphéons, mais vraiment elles n'allaient pas toujours là où elles auraient pu être utiles.

M. CARRÉ. — Je ne vois pas très bien pourquoi nous voulons demander des subventions à quelqu'un. Ne pourrions-nous pas trouver dans les deux parties des personnes qui travailleraient à la conciliation par dévouement sans être rétribuées? Nos citoyens venant à s'étendre, nous aurons à prêter un concours plus grand à l'Etat, mais je crois que beaucoup de personnes le feront sans indemnité.

Mme DE MAGUERIE. — Je ne puis pas me rallier à la proposition qui vient d'être faite, car je crois que c'est une erreur profonde. Vous n'avez pas le droit de demander un sacrifice considérable à un individu si vous ne l'en récompensez pas; et j'estime que c'est à la commune à donner une indemnité à celui qui se dévouera pour assurer l'entente.

M. MOTTEAU. — Je demanderai que ce soit obligatoire pour les communes, sans cela elles refuseront toujours.

M. ARQUEMBOURG. — Les dépenses nécessaires au fonctionnement des comités pourraient être obligatoirement à la charge des communes; quant aux subventions, nous n'avons pas à les envisager aujourd'hui.

M. LE PRÉSIDENT.. — Revenons, si vous le voulez, à la proposition de M. Fagnot qui est celle-ci : « L'Etat et les communes devraient allouer des subventions aux institutions fondées entre employeurs et employés d'une même profession pour le règlement des différends collectifs ».

M. Gavelle. — Je demande la suppression du mot
« l'Etat ».

M. le Président. — Nous allons procéder à la division.
Que ceux qui sont d'avis de voter pour la subvention de
l'Etat veuillent bien lever la main ?

La subvention de l'Etat est adoptée par 8 voix contre 7.

La suite du texte est adoptée et le vœu est ainsi
conçu :

*L'Etat ou les communes devraient allouer des subventions
aux conseils permanents visés par le vœu n° 4, ainsi qu'aux
commissions mixtes et autres institutions fondées entre employeurs et employés d'une même profession, pour le règlement des différends collectifs.*

M. le Président. — Il vous reste à vous prononcer sur
ce point : que les dépenses occasionnées par le fonctionnement des comités seront à la charge des communes.

M. Fagnot. — Je crois vraiment que cette proposition
va beaucoup trop loin.

M. le Président. — Je crois, en effet, que l'on ferait
bien de ne pas insister sur ce point ; les dépenses qui se
produiront sont essentiellement d'ordre national, et je ne
crois pas qu'elles puissent figurer parmi les dépenses
obligatoires des communes.

M. Arquembourg. — Nous ne pouvons pas nous prononcer sur ce point, notre décision n'aura de valeur
que lorsque nous aurons discuté des attributions des
comités permanents.

M. le Président. — La question est réservé.

***

Nous avons maintenant un vœu sur les mines.

M. Arquembourg. — Je demande que nous ne nous occupions pas de ce vœu pour le moment, car nous discutons des modifications à la loi de 1892.

M. le Président. — Si vous le voulez, nous pourrons arrêter ici la discussion et nous aborderons les vœux que nous avons laissés de côté lors de notre prochaine réunion du 1er juin.

La séance est levée.

Présidence de M. MILLERAND

M. LE PRÉSIDENT. — L'ordre du jour appelle la suite de la discussion sur la réforme de la loi du 27 décembre 1892.

Je dois d'abord excuser auprès de vous M. Raoul Jay, qui ne pourra probablement arriver qu'au milieu de la séance.

Nous en étions restés à l'institution de conseils permanents de conciliation et d'arbitrage, c'est-à-dire au paragraphe 4 du rapport de M. Fagnot et au titre II du rapport de M. Aftalion.

La parole est à M. Fagnot.

LES CONSEILS PERMANENTS
DE CONCILIATION ET D'ARBITRAGE

M. FAGNOT. — Mesdames, Messieurs, permettez-moi de constater d'abord qu'en vous proposant la création, par la loi, de conseils permanents de conciliation et d'arbitrage, vos trois rapporteurs ne font que reprendre l'idée soutenue devant le Parlement, lors de la discussion du projet qui nous a donné la loi du 27 décembre 1892. Le projet du gouvernement créait, en effet, dans un titre II, les conseils permanents de conciliation et d'arbitrage. Ce n'est que pour aboutir rapidement à un accord entre les deux Assemblées que le titre II fut disjoint et abandonné.

Aujourd'hui, le moment nous paraît venu de reprendre l'idée, tout en l'adaptant aux convenances et aux besoins de la situation actuelle.

Si vos rapporteurs sont d'accord pour vous demander la création de conseils permanents, ils n'ont pu s'entendre entre eux en ce qui concerne l'organisation de cette institution nouvelle.

M. Aftalion vous dira les raisons pour lesquelles il croit qu'il faut nécessairement — peut-être même exclusivement — créer des conseils permanents à base professionnelle. Au contraire, M. Arquembourg et moi nous nous bornons à demander que ces conseils soient institués sur une base interprofessionnelle. Une comparaison fera aisément comprendre notre projet.

A notre avis, dans les villes industrielles d'une certaine importance, il convient de créer un conseil permanent de conciliation et d'arbitrage sur une base interprofessionnelle analogue à celle qui a été adoptée, soit pour le conseil de prud'hommes, soit pour le tribunal de commerce. Nous pensons que, dans le domaine qui nous occupe, il faut procéder par étape et créer, d'abord, un conseil interprofessionnel. En d'autres termes, pour faciliter la solution des différends et des conflits du travail, nous voudrions constituer une autorité sociale dans chaque centre industriel du pays.

Vous avez maintenu le juge de paix comme organe d'exécution de la loi. On peut espérer qu'à la suite de nouvelles instructions, ce magistrat pourra intervenir plus efficacement dans un assez grand nombre de conflits ; nous croyons, en outre, qu'une autorité sociale nouvelle pourrait être créée dans les principales villes de France et qu'elle pourrait utilement intervenir, aux lieu et place du juge de paix, dans les conflits du travail.

Il nous semble qu'à l'heure actuelle les parties aux prises ne rencontrent pas assez souvent une personne autorisée qui, spontanément, essaye de les rapprocher. Le juge de paix ne peut intervenir d'office que lorsque la grève est déclarée et il n'intervient pas dans tous les cas. D'autre part, les intéressés ne sollicitent le juge de paix qu'avec une certaine répugnance. En dehors de leurs hésitations, il peut y avoir de réels inconvénients pour eux à aller trouver le juge de paix et ainsi laisser entendre à l'opinion, informée par les journaux, qu'ils sont disposés à la conciliation.

Dans chaque ville importante, un comité de notables, notables patrons, notables ouvriers, voire d'anciens ouvriers ou d'anciens patrons, pourrait pratiquer la conciliation plus efficacement que le juge de paix. Il serait plus qualifié, plus compétent, plus influent en nombre de cas. Il pourrait intervenir avant comme pendant le conflit. Il connaîtrait mieux les causes du litige et les moyens de le concilier. Il pourrait faire appel, plus aisément qu'un magistrat, aux influences locales comme à la bonne volonté des intéressés.

M. Aftalion, en s'appuyant sur le grand exemple de l'Angleterre, vous propose des conseils rigoureusement professionnels. Tout en reconnaissant la supériorité des conseils professionnels, M. Aftalion me permettra de lui indiquer pourquoi nous n'avons pu adhérer à sa proposition.

D'abord, en Angleterre, il n'y a pas que des conseils professionnels, il y a aussi des conseils de district, c'est-à-dire des conseils interprofessionnels. En outre, un organe qui contribue beaucoup à résoudre les conflits du travail, c'est ce que les documents anglais appellent les « médiateurs » et les « arbitres individuels ». Si vous voulez bien vous reporter, dans mon rapport, au résumé des résultats anglais, vous y verrez que ces arbitres spontanés jouent un rôle considérable. Sans diminuer la valeur sociale des conseils professionnels, il ne faut donc pas oublier qu'il existe, en Angleterre, d'autres organes de conciliation.

D'autre part, il nous semble que le conseil professionnel — et nous tirons cet enseignement de l'Angleterre surtout — ne peut pas être créé artificiellement par la loi. Un conseil professionnel est un produit spontané de l'éducation sociale des patrons et des ouvriers d'une profession donnée.

Voici un exemple assez caractéristique. En France, dans l'imprimerie, une commission mixte nationale a été formée, il y a quelques années, par la Fédération des syndicats de patrons imprimeurs et la Fédération des travailleurs du livre. Or, sur une question d'ailleurs grave, le taux du salaire pour le travail à la machine à composer, cette commission n'a pu aboutir et a dû se dissoudre. Ainsi, même dans cette profession, où l'esprit de conciliation est très développé, où le syndicalisme est non seulement vivant, mais efficace, où les patrons sont obligés de compter avec les syndicats, où les ouvriers sont toujours disposés à négocier avant de déclarer la grève, même dans cette profession un conseil professionnel n'a pu fonctionner que pendant quelques années.

Sans abuser de cet exemple, il tend à démontrer que l'institution aura beaucoup de peine à s'acclimater dans notre pays et, par surcroît, qu'il est bien téméraire de compter sur la loi pour créer et surtout pour faire vivre des conseils professionnels.

Que ces conseils soient l'idéal, j'en tombe d'accord avec M. Aftalion. C'est évidemment dans leur direction qu'il faut s'orienter, mais le conseil à base interprofessionnelle que nous proposons pour le moment est, en même temps qu'un organe de conciliation, une institution propre à préparer les voies au conseil à base professionnelle.

Au surplus, le législateur français a donné, dans une large mesure, satisfaction à M. Aftalion par la loi du 17 juillet 1908, qui autorise la création des conseils consultatifs du travail. Il suffit de lire le texte de la loi et du décret du 10 mai 1909 pour voir que les conseils consultatifs du travail ont qualité pour intervenir dans les conflits et que, d'autre part, ces conseils ne peuvent être institués que sur une base professionnelle. L'article 3 de la loi dit en effet : « Il y a autant de conseils que de professions. Toutefois, lorsque le nombre des professions de même nature est insuffisant, un certain nombre de professions similaires peuvent, sur l'avis conforme des intéressés, être réunies en un même groupe ». Le caractère professionnel que M. Aftalion veut donner aux conseils de conciliation est donc garanti, en principe, par la loi actuellement en vigueur, en ce qui concerne les conseils du travail.

Vous savez que cette loi vient d'entrer dans la pratique. En effet, par décret du 9 mai dernier, un conseil consultatif du travail a été créé à Saint-Étienne, dans la profession du tissage des rubans. Si un conflit collectif survenait dans cette profession, il pourrait être soumis au conseil du travail qui agirait alors comme un conseil de conciliation.

Quoi qu'il en ait dit dans son rapport, M. Aftalion a donc satisfaction au moins en principe. Mais ici une question nouvelle se pose. Faut-il se contenter du régime légal actuel, c'est-à-dire de la loi de 1908, qui institue les conseils consultatifs du travail et leur donne, en cas de conflit, les attributions d'un comité de conciliation ? Faut-il, au contraire, malgré la loi de 1908, demander la création, dans les principaux centres industriels, d'organes spéciaux et interprofessionnels qui auraient exclusivement pour objet de prévenir les conflits collectifs ou de faciliter leur règlement ? A cette seconde question, nous vous proposons, M. Arquembourg et moi, de répondre affirmativement.

En attendant le développement des conseils du travail, ce qui exigera sans doute beaucoup de temps, il nous paraît utile de créer, dans 30, 40 ou 50 villes industrielles de notre pays, un organisme permanent et interprofessionnel, capable d'agir sur toutes les industries de la ville et ayant pour unique objet de maintenir ou de rétablir la paix sociale entre les deux fractions du monde du travail.

Dans l'état actuel de notre éducation sociale, encore si rudimentaire, le conseil professionnel peut trop souvent se heurter aux divisions, aux antagonismes, aux préjugés qui sévissent entre patrons et ouvriers d'une même profession. Le conseil local et interprofessionnel peut beaucoup plus aisément éviter ces dangereux écueils. Ce dernier conseil sera au-dessus des parties aux prises, donc plus impartial et plus désintéressé, et quelques-uns de ses membres, du côté patronal comme du côté ouvrier, jouiront d'une considération légitime qui peut accroître beaucoup l'autorité morale du conseil. Nous croyons fermement à l'efficacité du conseil interprofessionnel pour acclimater, dans les centres industriels, l'idée féconde de la conciliation et de l'arbitrage. Vous avez certainement remarqué que, dans les conflits du travail, c'est le plus souvent une personne extérieure au conflit, étrangère à la profession, qui porte le rameau d'olivier et fait admettre une solution amiable.

Tels sont les motifs pour lesquels nous vous invitons à demander au législateur de compléter la loi de 1892 en autorisant la création, dans les principaux centres industriels, d'un organe de conciliation et d'arbitrage à la fois permanent et interprofessionnel.

M. AFTALION. — M. Fagnot vient d'insister sur l'opposition entre le caractère professionnel et le caractère interprofessionnel des conseils que nous vous proposons.

Mais ce n'est pas uniquement la question de caractère professionnel ou non du conseil de conciliation qui est en cause ; en réalité, cette question se lie à une autre beaucoup plus importante, qui est la question de savoir si les conseils dont nous désirons la création auront simplement pour but d'aplanir les différends après que la grève a été déclarée, ou si, au contraire, nous n'allons pas demander à la législation d'instituer des conseils qui pourraient faire davantage, qui pourraient empêcher la grève d'éclater, prévenir les grèves, diminuer leur nombre comme en Angleterre.

Le conseil interprofessionnel que préconise M. Fagnot aurait comme fonction essentielle ce qui est actuellement la fonction des juges de paix. Il interviendrait d'une façon occasionnelle, accidentelle entre les parties, à propos d'un différend qui sera survenu entre elles. Et il faut bien s'attendre à ce que toute intervention de cette nature, toute intervention de l'extérieur ne se produise que lorsque la grève est déclarée. Ces conseils m'apparaîtraient ainsi comme une institution plutôt *inutile* puisque la tâche qui leur incomberait est déjà actuellement remplie par le juge de paix. Ils ne constituent en rien l'organe capable de prévenir les grèves, d'amener la conciliation sans grèves que je voudrais voir fonctionner en France. L'organe capable de prévenir les grèves ne peut consister qu'en un conseil de conciliation conforme au type anglais, un conseil professionnel, instituant, par des réunions périodiques, un contact permanent entre les parties et les appelant à résoudre sans grèves leurs différends. Les notables dont nous parlait M. Fagnot, et surtout des notables retirés des affaires, ne pourront accomplir cette œuvre de conciliation et aussi d'éducation, d'organisation des deux parties qu'on ne peut attendre que de conseils professionnels.

Les conseils interprofessionnels de M. Fagnot me semblent donc inutiles parce que, pas plus que les juges de paix, ils ne pourront prévenir les grèves. Et, d'autre part, comme organes de conciliation après la déclaration de grève, ils me paraissent présenter des inconvénients. Pour faire ce que fait actuellement le juge de paix, pour demander aux parties de se réunir, pour les convoquer, les aboucher les unes avec les autres, une seule personnalité est bien préférable à un conseil nombreux. Une fois que la grève est déclarée, ce qu'on doit désirer c'est qu'elle se termine au plus tôt. Le juge de paix pourra y arriver plus rapidement s'il est seul que s'il est flanqué d'un conseil nombreux et encombrant. Dans ce dernier cas, il faudra qu'il convoque, non seulement les deux parties, mais encore et d'abord les membres de son conseil. D'où des retards inévitables, là au contraire où on doit souhaiter la plus grande célérité possible. Un conseil nombreux me paraît un organisme trop lourd à manier pour cette œuvre très simple qui consiste à mettre les parties en présence.

Un autre inconvénient que je lui reproche, c'est qu'il pourrait parfois être un obstacle à la solution du conflit. Actuellement, le magistrat cherche à établir l'accord entre les ouvriers en grève et leurs employeurs. Avec le conseil de conciliation de M. Fagnot assistent en outre aux réunions des patrons et des ouvriers non touchés par la grève. Mais ceux-ci savent que la solution donnée à la grève aura sa répercussion sur leur industrie ou sur leur situation. Ils seront peut-être moins disposés à accepter la transaction qui est en train de s'établir que les intéressés. Comme ils ne souffrent pas actuellement de la grève, ils se montreront peut-être plus intransigeants. En tout cas vous voyez que le juge de paix doit s'efforcer d'obtenir l'assentiment à la solution du conflit non seulement des parties en cause, mais encore des membres de son conseil. Tout à l'heure je signalais les convocations supplémentaires qu'on imposerait au juge de paix. Maintenant je fais observer la conciliation supplémentaire à laquelle il devrait travailler. Il me semble qu'on retarderait et qu'on retarderait fâcheusement le juge de paix dans l'exécution de sa tâche.

Dans cette matière de la conciliation deux réformes sont à accomplir. L'une a pour but d'amener un rapide apaisement des grèves déjà déclarées. Elle doit donc consister en une prompte mise en contact des intéressés. Et c'est pourquoi vous avez demandé dans les dernières séances, conformément à ce qu'avait réclamé en 1907 votre section du Nord, la comparution obligatoire à la tentative de conciliation. Pour cette œuvre, pour ce contact accidentel entre parties, à l'occasion d'une grève déjà survenue, le juge de paix suffit. N'alourdissez pas cette réforme très simple, très modeste, mais assurément utile, par l'adjonction d'organismes un peu pesants qui présentent plus d'inconvénients que d'avantages. Une courte addition à la loi du 27 décembre 1892 pourra réaliser nos vœux à cet égard.

Mais il est un second but que nous sommes tous d'accord pour trouver beaucoup plus intéressant, c'est la diminution du nombre des grèves. Et ce but ne peut être atteint que par l'institution d'un contact, non plus intermittent, mais permanent entre les parties grâce à des conseils de conciliation analogues aux conseils anglais.

Je vous ai montré comment les grèves ont, malgré un léger accroissement en ces tout derniers temps, diminué grandement en Angleterre, alors qu'elles ont considérablement augmenté sur le continent européen. Il est certain que l'organisation de la classe ouvrière, que le développement de l'esprit de conciliation chez les employeurs et les ouvriers ont contribué à amener cet état de choses. Mais il me paraît bien certain aussi que les conseils de conciliation anglais y ont contribué également.

C'est pourquoi votre section du Nord a pensé, en 1907, qu'à côté de la comparution obligatoire à la tentative de conciliation, l'institution de conseils de conciliation en France devait être demandée.

En Angleterre, ce sont surtout de grands employeurs qui ont pris l'initiative de la création de ces conseils. Ils ont compris tout l'intérêt qu'ils présentaient pour eux, pour leurs ouvriers, pour la paix sociale et le développement industriel du pays. En France, à défaut d'une pareille initiative de la part des employeurs, nous proposons que ce soit le ministre du Travail qui se fasse, en quelque sorte, le propagateur de ces conseils.

Remarquez qu'on s'est déjà engagé dans cette voie. Deux projets de loi actuellement déposés par le gouvernement visent la création de conseils de conciliation analogues à ceux que nous réclamons, l'un pour les mines et l'autre pour les chemins de fer. Nous voudrions qu'on ne s'en tînt pas là. Non pas que nous songions à l'institution de pareils conseils d'un seul coup dans une cinquantaine d'industries. Le vœu que nous avons adopté à Lille et qui vous est soumis propose seulement que le Ministre du Travail ordonne leur création chaque fois qu'il sera sollicité de le faire par une organisation patronale ou ouvière, et après qu'une enquête lui aura prouvé la possibilité de la chose.

Au lieu de demander à la Chambre d'édicter aujourd'hui une loi pour les mines, demain pour les chemins de fer, après-demain pour une autre industrie, qu'un projet de loi général soit déposé qui permette au Ministre du

Travail, non pas de créer d'un coup un grand nombre de conseils de conciliation, mais d'en créer successivement par des arrêtés particuliers là où une enquête lui aura prouvé que l'organisme pourra fonctionner.

Tout à l'heure, il a été parlé de conseils du travail. Mais le conseil consultatif du travail a des attributions autres que celles que nous envisageons pour le moment. Je crains que ces autres attributions ne lui donnent un caractère différent du simple conseil de conciliation, ne lui fassent perdre de vue la conciliation des conflits, la prévention des grèves. Je crains que le conseil consultatif du travail n'intervienne, lui aussi, qu'après la grève déclarée, qu'il ne soit pas considéré comme l'organe chargé d'établir les accords entre parties, les contrats collectifs, de prévenir les conflits, qu'il ne joue pas le rôle des conseils de conciliation, des commissions mixtes. C'est pourquoi, de même que, malgré la loi de 1908 sur les conseils du travail, le gouvernement a estimé nécessaire de déposer deux projets de lois nouveaux en vue de l'établissement de conseils de conciliation dans les mines et les chemins de fer, il me semble utile qu'une loi nouvelle donne nettement le pouvoir au ministre du Travail de créer des conseils analogues à ceux des mines et des chemins de fer dans d'autres industries.

Sans doute, je ne me fais pas de très grandes illusions sur l'efficacité des conseils de conciliation institués par la loi. Je n'ignore pas combien des conseils de conciliation dus à l'initiative privée, à une décision commune des employeurs et des ouvriers leur seraient supérieurs. Mais c'est pour stimuler cette initiative privée jusqu'ici engourdie que nous nous adressons au Ministre du Travail. Je reconnais aussi que, si des conseils sont créés, il arrivera que certains ne réussiront pas, devront se dissoudre. Et les esprits chagrins proclameront la faillite de l'institution. Ce n'est que lentement, après des mécomptes inévitables, que les conseils de conciliation finiront par prendre racine en France et pourront s'y développer par le double concours de l'État et des intéressés.

M. LE PRÉSIDENT. — Avant de donner la parole à M. Razous et à M. Arquembourg, qui l'ont demandée, je désirerais vous présenter de très courtes observations qui me sont inspirées par ce que viennent de nous dire nos deux rapporteurs.

J'ai, quant à moi, une inclination pour les institutions de conciliation ; et je crois si désirable de rapprocher les uns des autres les collaborateurs d'une même œuvre que je ne veux pas, *a priori*, écarter aucun moyen d'y parvenir. Par conséquent, je me garderait bien de rien dire qui puisse paraître une critique soit des conseils professionnels, soit des conseils interprofessionnels ; si l'on veut les essayer, j'en serai enchanté.

Mais je dois avouer que, après avoir écouté très attentivement M. Fagnot et M. Aftalion, je trouve que M. Fagnot a tout à fait raison quand il combat les conseils professionnels et M. Aftalion quand il combat les conseils interprofessionnels en tant que conseils de conciliation, et voici pourquoi.

Comme l'a très justement dit M. Aftalion, quel est le principal but que nous poursuivons? C'est beaucoup moins la solution des grèves que la prévention des grèves. Eh bien ! le moyen, à mon sens le plus utile, le plus topique pour tâcher d'arriver à ce résultat, c'est de mettre en rapports permanents, périodiques employeurs et employés.

Je vous demande pardon, vous allez dire que je suis orfèvre si je vous représente une vieille idée que j'ai déjà eu l'occasion de soutenir devant vous ici, c'est celle des délégués du personnel. Je ne conçois pas bien, quant à moi, l'institution dans une entreprise donnée d'un conseil professionnel et voici pourquoi.

Je vois bien les représentants d'un personnel nombreux, élus par ce personnel, venant causer avec les employeurs. D'autre part, faire désigner par l'employeur un certain nombre de chefs de service pour discuter avec les employés, cela me paraît avoir d'heureuses conséquences au point de vue technique, en ce sens que chaque chef de service pourra, au point de vue technique, être particulièrement qualifié pour répondre à telle ou telle question, mais c'est tout. Il est bien certain qu'il ne peut pas en être autrement ; par la force même des choses, tous les représentants de l'employeur n'auront qu'une opinion et ils ne peuvent en avoir qu'une : l'opinion de l'employeur. Il y aura donc, d'un côté, le personnel et, de l'autre, l'employeur.

Il me semble donc que l'institution d'un conseil professionnel n'est pas absolument logique, encore que, je le répète, je ne m'oppose en aucune façon à ce que l'on essaie ces conseils professionnels ou interprofessionnels.

Je sais très bien qu'il y a, comme l'a dit très justement M. Fagnot, de grandes ressemblances entre les conseils professionnels et les conseils du travail. Je sais bien — et c'est une indication que je me suis permis de donner dès 1899 — que les conseils du travail jouent parfois le rôle d'arbitre entre les deux parties, mais c'est ici que je trouve les critiques de M. Aftalion tout à fait fondées. Je ne crois pas beaucoup à l'efficacité d'une assemblée comme arbitre entre deux parties ; je ne vois pas cet organisme jouant très facilement, et je crois beaucoup plus, comme le disait M. Aftalion, à l'efficacité de l'action d'une personnalité, d'un homme intervenant pour rapprocher les deux parties et pour tâcher de faire naître entre eux la conciliation.

Les conseils professionnels ou les conseils du travail, à mon avis, ont un tout autre rôle à remplir et une tout autre mission que celle de conseils de conciliation. Il y a un autre but que j'assigne précisément aux réunions des représentants des ouvriers et des patrons réunis périodiquement, sans même qu'il y ait de conflit à l'horizon, réunis pour parler de questions étrangères aux conditions du travail, par exemple des tarifs douaniers, des moyens de transport. Ce seul fait est, à mon avis, de première importance au point de vue de l'atmosphère qui doit envelopper ouvriers et patrons et au point de vue des relations ultérieures qui s'établiront sans même qu'ils en aient conscience. Le jour où ils auront à parler, non plus de tarifs douaniers ou de moyens de transports, mais de questions qui intéressent directement leur travail ou leur industrie, ils le feront dans de bonnes conditions parce qu'ils auront pris l'habitude de parler ensemble de questions communes dans l'intérêt de l'une et l'autre parties.

Je suis très éloigné de croire à l'inutilité des conseils du travail, des conseils interprofessionnels ; je renierais une de mes vieilles idées si j'agissais autrement ; je crois à leur grande utilité, mais pas comme conseils de conciliation, je ne les vois fonctionnant bien que comme conseils réunissant des collaborateurs pour discuter en commun des questions intéressant la profession.

M. AFTALION. — Vous avez dit, Monsieur le Président, que vous estimiez illogique le conseil de conciliation dans une entreprise. Et je ne propose pas de pareils conseils. Mais je voudrais vous demander si vous êtes partisan — et il me semble que cela découle de ce que vous avez dit

— du conseil de conciliation tel que je le conçois, c'est-à-dire du conseil qui réunit, non pas les représentants d'un seul patron et de ses ouvriers, mais les représentants de l'ensemble des patrons et des ouvriers d'une profession. Ce contact permanent entre patrons et ouvriers ne vous semble-t-il pas être de nature à prévenir les conflits ?

M. LE PRÉSIDENT. — Oui, mais permettez-moi de vous dire que, je trouve le mot de « conseils de conciliation » tout à fait inexact ; ce sont des conseils professionnels, ce sont des conseils d'industrie ; appelez-les comme vous voudrez, mais ce ne sont pas des conseils de conciliation.

Vous parliez tout à l'heure des chemins de fer. Je suis persuadé que, dans les chemins de fer comme dans les autres industries, lorsqu'on aura donné aux patrons et aux ouvriers un état d'esprit différent de l'esprit de lutte qui règne actuellement, parce que, de deux choses l'une — et je vous donne ici une idée personnelle que je livre à votre critique — de deux choses l'une, ou bien les questions soulevées seront assez simples, assez peu graves pour que ces conversations des délégués du personnel soit avec les chefs, soit avec l'administration centrale, arrivent tout naturellement à les aplanir, ou au contraire, le conflit aura une gravité telle qu'il faudra recourir à une procédure extraordinaire comme celle de l'arbitrage qui permettra, je l'espère, dans la plupart des cas, de résoudre les difficultés, et, dans ces conditions-là, je crois que la création de conseils de conciliation est une superfétation.

M. RAZOUS. — Je crois qu'il faut distinguer trois cas ; or, précisément, les rapporteurs n'en ont envisagé que deux.

M. Aftalion a envisagé le cas de centres industriels comme le Nord où des industries analogues se trouvent rassemblées dans une même région, tandis que M. Fagnot a examiné n'importe quel endroit où des industries très diverses peuvent se trouver.

Je voudrais, à mon avis, distinguer d'abord le cas d'une grande entreprise extrêmement importante, qui renferme un nombre très considérable d'ouvriers, ce qui oblige le chef d'industrie à avoir des ingénieurs, des contremaîtres en assez grand nombre. Dans ce cas-là, ce qui a été dit par notre éminent Président suffit à faire comprendre qu'il est indispensable que des rapports constants existent entre les délégués du patron et les délégués des ouvriers. Ces rapports permanents éviteront, la plupart du temps, les grèves.

Je prends maintenant le cas envisagé par M. Aftalion. Celui-ci se ressent certainement d'habiter dans le Nord, dans une région extrêmement industrielle, où l'on trouve, à côté d'importants établissements miniers, de non moins importants établissements métallurgiques, textiles, etc. J'admets très bien que les conseils qu'il nous propose pourraient discuter avec beaucoup d'utilité l'organisation du travail en général. Je considère la proposition de M. Aftalion comme un cas d'espèce applicable dans le Nord et qu'il serait nécessaire de rendre obligatoire par une loi, dans cette région.

Mais alors, dans une autre région où, à côté des établissements métallurgiques, des établissements textiles, vous avez des fonderies de 2e fusion, des imprimeries, des papeteries, des industries extrêmement diverses en un mot, dans ce genre de région, il est certain que la proposition de M. Fagnot mérite d'être prise en considération, parce que là il n'est pas possible d'établir un conseil professionnel, parce qu'il n'est pas possible d'avoir des représentants des ouvriers et des représentants des patrons appartenant à une même profession.

Je dis donc qu'il est nécessaire avant tout de tenir compte des différences d'industries qui existent dans les diverses régions où nous voulons établir des conseils de conciliation, de tenir compte de l'intensité des industries. Il faudrait que, là où il est possible d'établir des conseils professionnels, on les établisse, mais que, là où, en raison de la diversité des industries, il n'est pas possible de le faire, l'on institue des conseils interprofessionnels.

Je tiendrais pourtant, bien que je rentre ici dans les idées de M. Fagnot, à rétorquer un des arguments qu'il nous a présentés. Il nous a dit : dans l'imprimerie, on a essayé de faire une sorte de conseil professionnel et ce conseil, après avoir donné des résultats, n'a pas continué. Je rappellerai à M. Fagnot qu'il y a eu depuis peu de temps deux éléments qui ont été en opposition, il y a eu un élément réformiste et un élément révolutionnaire ; il y a eu des rivalités de personnes qui ont provoqué des dissidences. Je ne voudrais pas faire de personnalités ici, mais cependant, si vous y teniez absolument, je pourrais vous citer des noms, je pourrais vous dire quels ont été les chefs des deux éléments en présence.

Je dis donc, Monsieur Fagnot, que votre argument ne porte pas ; si, dans l'assemblée, on le considère comme portant, je n'y vois aucun inconvénient, mais je dis qu'à mon point de vue, il n'a pas d'influence dans cette discussion.

En terminant, je demande que, conformément aux idées qui ont été exprimées — et ces idées sont des idées maîtresses — par notre Président qui connaît à fond toutes ces questions, dans les centres très industriels comme le Nord, on institue des conseils professionnels, et que dans les autres régions de France, là où l'industrie est très diverse, que l'on adopte des comités de conciliation interprofessionnels, comme ceux que proposait M. Fagnot.

M. ARQUEMBOURG. — J'aurai d'abord une question à poser.

M. Aftalion a fait une très vive critique du rôle que pourrait avoir le comité de conciliation ; il estime que ce comité, composé d'un certain nombre de personnes, est beaucoup moins qualifié qu'une personnalité quelconque pour réaliser la conciliation. Et, cependant, il nous propose également la constitution de comités de conciliation. Il diffère simplement avec nous en ce qu'il propose des comités professionnels, tandis que nous avons envisagé des comités interprofessionnels.

Je voudrais demander à M. Aftalion si, à ces comités constitués comme il le propose, il a l'intention de soumettre les différends qui peuvent éclater entre patrons et ouvriers ; s'il leur donne, en un mot, un rôle de conciliateur.

M. AFTALION. — Le rôle actuel du juge de paix subsisterait après la grève déclarée. Quant au conseil de conciliation, son rôle essentiel est d'empêcher les différends d'aboutir à la grève. Le conseil de conciliation n'est pas composé de tiers étrangers aux parties comme les conseils interprofessionnels. Il comprend les parties elles-mêmes. Il règle les différends. Et naturellement, s'il n'a pu empêcher la grève, il peut se réunir après la déclaration de grève pour y mettre fin. Mais les personnes qu'il assemble, ce sont les parties elles-mêmes et non pas en outre des personnes étrangères au conflit comme dans le conseil interprofessionnel.

M. ARQUEMBOURG. — Vous proposez de constituer dans

les centres industriels importants des conseils professionnels. Admettez-vous qu'en cas de grève on puisse s'adresser à ces conseils professionnels?

C'est que, précisément, la grève est un différend. Je
vous demande une réponse précise : admettez-vous qu'en
cas de grève, on puisse s'adresser à ce comité professionnel pour lui demander d'intervenir?

Vous ne répondez pas à ma question. Vous avec constitué dans une localité, à Lille, par exemple, un comité
de conciliation dans l'industrie de la typographie; il
éclate une grève dans une imprimerie. Admettez-vous
que soit le patron, soit les ouvriers de l'imprimerie
puissent porter le différend devant le comité de conciliation?

M. AFTALION. — J'admets très bien que le comité de
conciliation intervienne. En même temps, j'estime que le
juge de paix conserve sa fonction actuelle qui est d'aboucher le plus rapidement possible les parties afin de les
amener à conciliation. Mais, dans les cas les plus intéressants qui sont des différends portant sur plusieurs établissements, je fais observer que ne figurent au conseil
de conciliation que les parties elles-mêmes et non pas en
outre des personnes étrangères au conflit comme dans le
comité interprofessionnel.

M. ARQUEMBOURG. — Si vous admettez que l'on peut
s'adresser en même temps au juge de paix et au comité
de conciliation, je vous retourne la critique que vous nous
faisiez tout à l'heure. Vous nous disiez que nous avions
compliqué le fonctionnement de la loi, vous le compli-
quez encore plus, puisque vous organisez deux systèmes
de conciliation. Vous avez critiqué aussi l'intervention
d'un comité composé de plusieurs personnes, disant

qu'une seule personne intervenait plus facilement; mais, lorsqu'on s'adressera à votre comité, ce sera la même chose.

J'ai tenu à vous poser cette question afin que vous précisiez votre pensée, bien qu'elle le fût déjà suffisamment dans le texte que vous nous proposez, car vous dites au paragraphe B de l'article concernant les conseils de conciliation :

« Si l'une des parties ne se prête pas à la constitution et au fonctionnement du conseil, l'autre partie pourra s'adresser, pour faire arbitrer les différends d'ordre collectif qui pourront survenir, au ministre du Travail qui jouera lui-même le rôle d'arbitre ou désignera à cet effet une autre personnalité ».

Vous donnez donc à ce comité le droit d'intervenir dans les différends collectifs. Je tenais à faire cette remarque pour répondre à la critique que vous adressez à notre système et qui doit surtout s'adresser au vôtre, car nous ne sommes pas d'accord pour le moment, entre rapporteurs, et cela n'a rien d'étonnant parce que nous discutons sur un mot — comité de concialiation — et nous attribuons à ce mot des rôles absolument différents. Nous envisageons les uns et les autres des organismes qui ne sont pas les mêmes.

Ce que nous avons envisagé, M. Fagnot et moi — ou plus exactement ce que j'ai envisagé, car en parlant en mon nom personnel je serai sûr d'être d'accord avec moi-même — ce que j'ai envisagé dans mon rapport, c'est ceci : J'ai dit que l'une des causes d'échec de la loi, c'est le manque d'autorité des juges de paix et le peu de confiance que l'on a en eux, par suite de leur incompétence technique. J'ai pensé que, si au juge de paix, fonctionnant toujours comme organe de mise en mouvement de la loi — parce que je n'en ai pas trouvé de meilleur — j'ai pensé que si l'on adjoignait au juge de paix, lorsqu'il aurait à faire comparaître devant lui patrons et ouvriers, deux ou quatre personnes — deux suffiraient à mon avis — au courant de l'industrie dans laquelle le conflit se produit, que ces deux personnes ayant une compétence technique indiscutable pourraient être d'une grande utilité pour provoquer la conciliation, pour éclairer le juge de paix.

J'ai donc proposé dans mon rapport qu'il y ait dans chaque localité importante un comité de conciliation, c'est-à-dire des personnes désignées d'avance, choisies dans les principales industries de la région. Au moment où le juge de paix aurait à convoquer les parties en litige, il ferait appel comme assesseurs à deux personnes choisies par lui dans ce comité, personnes au courant de l'industrie dans laquelle existe le conflit et capables de l'aider dans sa mission de conciliateur.

M. Fagnot est allé un peu plus loin que moi. Il a estimé que, dans les localités importantes, étant donné précisément le manque d'autorité du juge de paix, il fallait soit remplacer le juge de paix par un juge occupant un rang plus élevé dans la hiérarchie officielle, soit le remplacer par un comité de conciliation qui serait constitué à l'avance, ce comité fonctionnant dans les conditions que je viens de vous indiquer tout à l'heure.

L'idée de M. Fagnot et la mienne — puisque je me suis rallié à la sienne — n'est pas du tout de faire comparaître les parties en litige devant une commission composée de 10 ou 15 personnes — il est évident qu'on ne s'entendrait jamais — mais de faire comparaître les patrons et les ouvriers devant le président désigné de ce comité auquel il sera adjoint 2 ou 4 assesseurs.

M. Aftalion envisage autre chose ; il envisage un organisme existant, un organisme dont le fonctionnement est permanent, et il espère que la création de cet organisme dans une localité pourrait dans une certaine mesure changer la mentalité actuelle des ouvriers, lentement, très lentement même, qu'au lieu de déclarer la grève comme on le fait actuellement, les ouvriers, voyant un comité qui peut les aider dans leurs revendications, s'adresseraient à lui et tâcheraient d'obtenir par la voie d'une discussion amiable ce qu'ils obtiennent actuellement par la voie beaucoup plus brutale de la grève.

Je crois — et je ne fais que répéter ce que disait tout à l'heure notre Président, et je le répéterai moins bien que lui — je crois que c'est une illusion. Je crois que, pour empêcher les grèves, il faut en effet changer la mentalité des ouvriers et un peu aussi celle des patrons. (*Sourires*). Mais c'est une œuvre longue, je suis persuadé qu'on n'obtiendra pas ce résultat par la seule action de la loi ou par la coercition ; il faut y arriver par la persuasion. Il est certain que les conseils de conciliation tels qu'ils existent en Angleterre peuvent donner de très bons résultats, ils en ont donné la preuve, mais comment se sont-ils constitués ? Il se sont constitués par l'initiative privée, d'accord entre patrons et ouvriers. Si vous les constituez au moyen d'une loi, si surtout vous les constituez sous forme d'organismes destinés à dominer le patron, pour faire marcher le patron, permettez-moi cette expression — car c'est l'allure que leur donne la proposition de M. Aftalion, — je crois qu'au lieu de contribuer à l'apaisement, on aura fait tout le contraire.

Je lis à la fin de la proposition de M. Aftalion : « Des sanctions devront être prévues par la loi contre ceux qui ne se prêteraient pas, malgré une mise en demeure du Ministre du Travail et sans une excuse légitime admise par lui, à la constitution et au fonctionnement du conseil et par exemple :

« Les employeurs qui ne se seront pas soumis à l'arrêté ministériel ne pourront recevoir aucune commande, ni se porter adjudicataires des fournitures et travaux de l'État, des départements ni des communes ».

Si l'on croit que c'est avec un projet tel que celui-là que l'on amènera l'apaisement, je suis persuadé que l'on se trompe. Je suis certain que pour parvenir à changer la mentalité des patrons et des ouvriers il n'y a qu'un moyen, c'est d'employer la persuasion, et il faut prendre les choses dès le début. Il faut d'abord amener les patrons à envisager comme une chose utile, nécessaire, indispensable même la création des conseils d'usine, qui sont les véritables comités de conciliation. Lorsqu'on sera arrivé à ce résultat, je ne dis pas que des comités défendant les intérêts non plus d'une usine, mais de toute une corporation, ne seront pas très utiles, mais ils viendront en second ordre, quand les conseils d'usine auront habitué les patrons et les ouvriers à discuter ensemble de bonne foi les intérêts communs. Agir d'une d'une autre façon, c'est aller dans le sens opposé au but que nous poursuivons.

M. Lorin. — Je suis très frappé, à la suite de la discussion, de voir que tout a été confondu. En réalité, il y a d'abord l'idée de conciliation qui a été posée avec le juge de paix ; maintenant, on a l'air d'avoir voulu faire de ces conseils des conseils d'arbitrage. Or, je crois que, pas plus dans un conseil professionnel que dans un conseil interprofessionnel, nous ne voulons faire un arbitrage.

M. le Président. — Qu'entendez-vous par conseil professionnel ? Est-ce le conseil d'une entreprise ?

M. Lorin. — Jamais. Le conseil d'une entreprise, c'est un conseil d'usine.

Vous avez dit, Monsieur le Président, des choses extrêmement justes; c'est un conseil qui me semble fonctionner très difficilement, car, vous l'avez très bien dit, il y aura d'une part les délégués ouvriers et d'autre part les délégués du patron; mais, qu'il y en ait autant que l'on veut, ces derniers représenteront toujours l'opinion du patron.

J'entends par conseil professionnel un comité réunissant des ouvriers et des patrons de toute la profession, se réunissant pour discuter les intérêts communs de la profession. Je crois à leur influence utile, mais je ne suis pas partisan de conseils interprofessidonels.

M. LE PRÉSIDENT. — Le conseil du travail peut être soit un conseil professionnel, soit un conseil interprofessionnel.

M. LORIN. — Parfaitement; mais je crois que pour l'œuvre de pacification que vous voulez entreprendre les conseils professionnels seront ceux qui donneront les meilleurs résultats.

Je demanderai que l'idée de conseils, professionnels ou non, réunissant les patrons et les ouvriers, soit inspirée par un désir de prévention des grèves et non par la conciliation ou l'arbitrage, car je ne vois pas comment un conseil professionnel ou même interprofessionnel pourrait être chargé de l'arbitrage.

M. LE PRÉSIDENT. — Je crains que le mot de conseil de conciliation, qui, vous le reconnaissez, n'est pas tout à fait exact, ne détourne ces conseils de leur vrai but et que, si on leur dit que ce sont des conseils de conciliation, ils ne soient tentés de faire naître des conflits pour les concilier... (*Rires*).

Mᵐᵉ DE MAGUERIE. — Au point de vue du mot de « conseil de conciliation » ou de « conseil de fabrique », je suis absolument de l'avis de notre Président. Il existe déjà des conseils du genre de ceux dont nous nous occupons aujourd'hui, par exemple chez les allumettiers, vous avez des délégués qui vont trouver les patrons, qui discutent avec eux et qui, de cette façon, évitent bien souvent des conflits graves.

Il me semble qu'une certaine confusion règne dans notre discussion. A notre dernière séance nous avions adopté comme moyen de conciliation avant la grève la citation du juge de paix. Dans ces conditions-là je ne vois pas pourquoi nous viendrions aujourd'hui demander la créations de conseil de conciliation.

M. JAY. — Si je me permets de prendre la parole tout de suite, c'est qu'il me semble qu'il y a un moyen de s'entendre. Il n'y a pas, à mon avis, la moindre contradiction entre les propositions de M. Aftalion et les propositions de M. Fagnot, je vais essayer de vous le démontrer.

Si on s'en tient au principe, à l'idée essentielle qui inspire nos deux rapporteurs, ces deux idées, si elles restent formulées dans des termes généraux, sont acceptées ici par tout le monde. Au fond, nos deux rapporteurs se placent sur des terrains tout à fait différents; on l'a déjà indiqué plusieurs fois, et je me permets d'insister.

M. Fagnot s'occupe uniquement de la réforme de la loi de 1892. Voilà le point de départ qu'il ne faut pas oublier. Il se préoccupe de rendre plus efficace et par suite plus utile la médiation qu'organise la loi de 1892 et il pense que, dans certains cas, le juge de paix n'est pas un médiateur suffisant et il l'entoure. Voilà toute son idée. Il vient de me faire un signe approbatif.

La première question qui se pose, c'est de savoir s'il faut entourer le juge de paix; puis, ensuite, il s'agit de savoir quels assesseurs nous allons lui donner.

M. FAGNOT. — C'était, en effet, l'idée initiale de M. Arquembourg, mais j'y ai ajouté — il a bien voulu se rallier à ma manière de voir — que, dans les grandes villes, il convenait de remplacer le juge de paix par un conseil permanent et interprofessionnel.

M. JAY. — Il s'agit, dans certains cas, d'entourer le juge de paix, et dans d'autres de le remplacer. Ceci se passera dans les cas de conflits éclatés dans le sens vrai du mot, ou tout au moins de conflits très apparents.

M. Aftalion, lui, est sur un tout autre terrain, celui des rapports permanents à établir entre ouvriers et patrons d'une même profession ou d'un même établissement. Et, à ce moment, je me sépare quelque peu de notre Président, parce que je pense que, si les délégations ouvrières peuvent avoir de l'intérêt, elles en ont surtout — c'est une idée qui m'est personnelle — si elles se rattachent à une organisation plus large. J'ai même quelque peur, pour dire tout mon sentiment, de délégations ouvrières qui seraient en l'air, qui ne se rattacheraient pas à une organisation professionnelle. Ainsi, vous savez ce qu'est le contrat usinier, lecontrat collectif, il me paraîtrait une chose assez dangereuse s'il était seul, car aujourd'hui la concurrence ne sévit pas dans un seul établissement, mais elle met en présence presque toujours les ouvriers et les patrons de divers établissements.

Je crois que, si l'on veut solutionner d'une façon suffisante les problèmes qui se poseront, il est nécessaire que l'entente dépasse les bornes et les limites d'un seul établissement, qu'elle s'étende à plusieurs usines, à toute une région, à tout un pays, et par suite l'organisation purement usinière me paraît insuffisante. Alors, le comité professionnel, qui est toujours l'organisation permanente — c'est ce qui nous distingue de l'hypothèse de tout à l'heure — le comité professionnel, destiné à faire ce contrat plus large, ne pourra être qu'un chapitre subordonné aux règles générales.

Je crois, pour ma part, à la très grande utilité des comités professionnels du genre anglais que défend M. Aftalion. Et ma conclusion, car je ne voudrais pas allonger ce débat, c'est que je suis tout disposé à suivre M. Fagnot sur le terrain qu'il nous propose, peut-être pas à entrer dans le détail, mais à dire que dans le cas où le conflit aurait une très grande importance, on pourrait admettre un autre médiateur que le juge de paix, que l'on pourrait remplacer celui-ci, par exemple par le président du tribunal; mon opinion n'est pas faite sur ces points de détail. Mais, une fois que j'aurai dit cela, rien ne m'empêchera de demander que l'on autorise, que l'on encourage, que l'on crée des comités permanents professionnels destinés à établir de bonnes relations, non pas seulement entre les chefs d'un établissement et les délégués de l'ensemble des ouvriers de cet établissement, mais entre les patrons et les ouvriers de toute la profession.

Je crois donc que les deux résolutions, si on les prend dans leur caractère général, doivent non pas s'opposer l'une à l'autre, mais s'ajouter.

M. Legouez. — Les explications qui viennent de nous être données simplifient la question puisqu'elles la divisent en deux parties.

Sur la première, je crois que nous nous mettrons facilement d'accord. La seconde est une question plus large et elle est un peu à côté de celle qui était à l'origine de nos débats. Il ne s'agit plus de modifier, d'améliorer la loi de 1892, mais il me semble qu'il s'agit de modifier la loi de 1908 sur les conseils du travail. Je me demande si c'est bien le moment, alors que cette loi vient de paraître, alors que l'on fait quelques efforts pour la mettre en application, pour généraliser les exemples que nous a cités tout à l'heure M. Fagnot — et je ne crois pas commettre une indiscrétion en vous disant que l'on rencontrera plutôt de la sympathie dans le monde patronal pour accomplir cette œuvre — je me demande si c'est bien le moment pour venir jeter le trouble dans cette organisation nouvelle. Ne vaudrait-il pas mieux de laisser fonctionner cette loi et, dans quelque temps, nous serons mieux placés pour délibérer de ce qu'il convient de faire pour l'étendre davantage.

Je sais bien que la loi de 1908 ne satisfait pas tout le monde. Je sais bien que la création primitive de conseils du travail a été transformée dans sa base et dans son mode de recrutement. Attendons un peu qu'elle ait fonctionné. Ce que je demande aujourd'hui, c'est que nous en terminions le plus tôt possible avec les modifications à apporter la loi de 1892. Nous pourrons ensuite nous occuper de cette autre question très intéressante, mais ne perdons pas de vue le but que nous nous sommes assigné.

M. Motteau. — Il nous faut une loi simple, facile à appliquer entre patrons et ouvriers. Nous avons examiné avec soin les rapports qui nous ont été envoyés. M. Fagnot prend un juge et cinq représentants de chacun des éléments en conflit : élément patronal et élément ouvrier. Il ajoute que les délégués des patrons seront élus par la chambre de commerce. Je ne vois pas du tout ce que vient faire ici la chambre de commerce ; c'est une institution consultative et non pas un tribunal.

Un peu plus loin il ajoute : « le surplus par les syndicats patronaux ». Mais, dans les cas où cela ne sera pas possible les syndicats ne seront pas représentés.

Voici pourquoi, Messieurs, je vous présente l'amende-ment suivant :

« Les représentants des patrons seront élus par les conseillers prud'hommes patrons.

« Les représentants des ouvriers seront élus par les conseillers prud'hommes ouvriers et employés.

« Lorsqu'il n'y aura pas de conseil de prud'hommes dans la circonscription, on procédera à une élection par scrutin de liste pour le conseil permanent de conciliation et d'arbitrage.

« Pour la composition des listes, les opérations électo-rales et les recours dont elles peuvent être l'objet, il sera procédé conformément aux règles en vigueur pour les conseils de prud'hommes. »

M. ZAMANSKI. — Il me semble que si deux questions ont bien paru se dégager de cette discussion, elles sont néan-moins intimement liées l'une à l'autre et qu'il est diffi-cile d'aborder l'étude de l'une sans entamer l'étude de l'autre.

Si j'examine les arguments présentés par M. Aftalion, il me semble bien difficile de distinguer formellement ces conseils de conciliation des conseils consultatifs du tra-vail pour lesquels il y a une réglementation d'administra-tion publique. Si nous trouvions dans une ville un conseil de conciliation établi d'après les règlements pro-posés par M. Aftalion et, d'autre part, un conseil consul-tatif du travail, je ne verrais pas la raison de cette dua-lité. Il vaudrait mieux, dans ce cas-là, s'en référer sim-plement à la loi de 1908 en demandant que la fonction conciliatrice des conseils consultatifs du travail ne soit pas oubliée dans un coin du règlement d'administration publique, mais soit formellement ajoutée à la loi.

Si, au contraire, j'examine la solution proposée par M. Fagnot, je vois très bien la différence qui existe entre ces conseils de conciliation et les conseils consultatifs, c'est qu'ils seront interprofessionnels. Je prends un exemple, celui des conseils institués à Saint-Etienne pour un certain nombre d'industries du tissage du ruban, et je suppose qu'à Saint-Etienne soit institué un conseil interprofessionnel de conciliation. Si un conflit surgit, ou même apparaît, dans ces professions, ne semblera-t-il pas beaucoup plus logique que ce conflit soit étudié au sein même du conseil consultatif du travail, qui existe déjà, plutôt qu'au sein d'un conseil de conciliation que nous aurons à créer, d'autant plus que le premier est particulièrement bien placé pour concilier les deux éléments?

Je poserai comme première conclusion, qu'il est difficile d'arriver à une modification de la loi de 1892 sans entamer la question des conseils de conciliation et des conseils consultatifs. Je demanderai que soit dans l'adoption des conseils professionnels, soit dans l'adoption des conseils interprofessionnels, on veuille bien adopter une sorte d'amendement disant que, là où un arrêté ministériel aura établi un conseil consultatif du travail, celui-ci soit chargé d'examiner les conflits qui pourraient naître dans la profession.

M. FAGNOT. — Je suis, pour ma part, tout à fait de votre avis.

M. LORIN. — Je suis très frappé de ce que vient de dire M. Zamanski; mais je ne puis pas suivre M. Legouez, car je crois que nous pouvons très bien nous prononcer aujourd'hui sur les propositions qui nous sont soumises.

Je demanderais, en outre, que nous formulions un vœu réclamant à l'Etat la constitution de conseils du travail et ajoutant que les conseils du travail pourront, par leur fonctionnement même, prévenir les conflits et fournir au juge de paix des compétences, c'est-à-dire, par exemple, les deux assesseurs dont parlait M. Arquembourg.

Mme DE MÁGUERIE. — Tout à l'heure on a prononcé un mot qui m'épouvante un peu, on a parlé du président du tribunal civil. A Paris, où vous avez plusieurs chambres, la chose serait peut-être possible ; mais il n'en sera pas de même en province. Vous aurez le président et ses deux assesseurs qui auront été pris comme arbitres et qui, si le conflit ne se solutionne pas, auront par la suite à juger des actes de sabotage, des violences, etc. Or, je ne crois pas qu'il soit possible de prendre les mêmes individus pour ces deux fonctions, il me semble même qu'il y aurait un danger très grand à le faire.

M. RAZOUS. — Dans les propositions qui nous sont faites, il faut considérer deux choses, c'est que, si l'on considère la création des conseils comme complément de l'action des juges de paix, nous devons en discuter aujourd'hui ; si, au contraire, les conseils de conciliation doivent constituer un organisme différent, indépendant, c'est quelque chose d'un peu différent de la loi de 1892 dont nous nous occupons aujourd'hui.

Voilà pourquoi, dès maintenant, je ne voudrais pas d'obligation, mais, pour encourager la création de ces conseils, on pourrait faire comme on fait dans les sociétés de secours mutuels. Qu'a-t-on fait pour permettre aux sociétés de secours mutuels de se développer ? On leur a accordé des salles de réunion, on leur a accordé des indemnités pour les frais de registre.

M. LE PRÉSIDENT. — Des observations qui viennent

d'être échangées, notamment de celles de M. Razous, il résulte que l'assemblée se trouve en présence de deux questions tout à fait distinctes : l'une qui se rattache étroitement à l'ordre du jour qui vous est soumis, réforme de la loi de 1892 sur la conciliation et l'arbitrage; l'autre qui tend à la création de conseils professionnels qui peuvent avoir à jouer, en dehors même de la conciliation, un rôle permanent.

Sur le premier point, je suis saisi par MM. Arquembourg et Fagnot du texte que voici, qui est d'ailleurs emprunté pour la plus grande partie au texte déjà déposé. Il s'agit, bien entendu, du conseil envisagé en tant que complément, si je puis dire, du juge de paix :

« Dans les centres industriels suffisamment importants, le juge de paix devrait être remplacé, comme agent d'exécution de la loi, par un conseil permanent de conciliation et d'arbitrage.

« Selon l'importance de chaque centre industriel, le conseil comprendra :

« Cinq représentants au moins et vingt représentants au plus de chacun des éléments patronal et ouvrier.

« Le conseil sera présidé, soit par une personne choisie par lui en dehors de ses membres, soit, en cas de désaccord, par un magistrat désigné par le président de la Cour d'appel. »

Et M. Aftalion demanderait que l'on votât le 1° de sa proposition qui est ainsi conçu :

« Le ministre du Travail pourra, à la demande d'un syndicat ouvrier ou patronal d'une industrie ou profession, et après enquête, ordonner la constitution d'un conseil de conciliation régional ou national, relatif à la branche d'industrie ou profession intéressée, chargé d'examiner les questions d'ordre collectif concernant les conditions du travail, de prévenir et d'aplanir les différends. »

Si vous le voulez bien, nous allons examiner le premier des deux textes que je vous ai soumis. Quelqu'un demande-t-il la parole ?

M. Expert-Bezançon. — MM. Arquembourg et Fagnot nous ont proposé d'entourer, soit le juge de paix, soit le président qui aura été choisi, de personnes compétentes, mais cela ne ressort pas du tout du texte qu'ils nous proposent. Ils ont écrit que le juge de paix sera remplacé.

M. le Président. — La réponse est dans le paragraphe 3 ainsi conçu :

« Pour l'examen de chaque affaire, le conseil permanent sera composé, outre le président, d'un représentant au moins et de trois au plus de chacun des deux éléments. »

M. Expert-Bezançon. — Oui, mais il n'est pas indiqué que c'est le juge de paix auquel on adjoint ces assesseurs; au contraire, il y a dans le premier paragraphe de ce vœu le mot « remplacé » relativement au juge de paix, et nous sommes opposés à cela.

M. Motteau. — S'il n'était pas remplacé, nous resterions dans le même état qu'avec la loi de 1892.

M. Fagnot. — Evidemment.

M. Carré. — Ce que nous voudrions savoir, c'est si le juge de paix reste avec les assesseurs ou s'il est remplacé.

M. le Président. — Aux termes de la proposition, dans les grands centres il n'y aurait plus de juge de paix.

Que ceux qui sont d'avis de voter ce texte veuillent bien lever la main ? Ont voté pour : 6 voix.

Avis contraire ? La majorité.

Par conséquent, ce vœu est repoussé.

Nous arrivons alors à la proposition de M. Aftalion.

M. Arquembourg. — Non, pardon. Il y avait une première proposition qui consistait à laisser le juge de paix comme organe pour la mise en mouvement de la loi et à l'entourer d'assesseurs pris dans un conseil de conciliation. M. Fagnot a pensé que, dans les centres importants, il valait mieux supprimer le juge de paix et ne faire intervenir que ce comité de conciliation. L'assemblée ne partage pas l'avis d'enlever au juge de paix le rôle qu'il a actuellement, mais cela n'implique pas qu'il n'y aurait pas intérêt à adjoindre au juge de paix les deux ou quatre assesseurs dont parle la suite de la proposition. Je vous demanderais donc de bien vouloir mettre cette question aux voix.

M. le Président. — Je ne puis mettre aux voix que les propositions dont je suis saisi ; si vous voulez bien en formuler une, je la soumettrai au vote de l'assemblée.

M. Arquembourg. — On pourrait dire :

« Il sera constitué dans chaque localité importante un comité de conciliation composé de 10 à 20 membres représentant les principales industries de la région et élus, moitié par les organisations patronales, moitié par les organisations ouvrières. »

M. le Président. — Il s'était manifesté deux opinions dans l'assemblée ; d'une part, on pensait que, dans certains cas, il pouvait y avoir intérêt à remplacer le juge de paix comme organe de conciliation et d'arbitrage par un conseil. Cela vient d'être écarté. J'arrive alors à la seconde idée qui est formulée dans le premier paragraphe de M. Aftalion.

M. ARQUEMBOURG. — Nous allons revenir à la confusion ; c'est une idée toute différente. Le comité que nous propose M. Aftalion aura un rôle préventif, tandis que ce que nous avions envisagé se rapportait à la conciliation des conflits.

M. LE PRÉSIDENT. — Nous avons voté, dans nos séances précédentes, sur le rôle du juge de paix. En outre, on a demandé tout à l'heure que, dans les centres industriels importants, le juge de paix soit remplacé par un conseil composé d'un magistrat assisté de un ou deux assesseurs de chacun des éléments. Ceci a été repoussé.

Vous demandez maintenant, si je comprends bien votre pensée, qu'au lieu de ce petit comité composé d'un juge et de deux assesseurs, il y ait un grand comité composé de 10 ou 20 personnes...

M. ARQUEMBOURG. — Voici ce que je propose : « Le juge de paix pourra être assisté par un représentant des patrons et un représentant des ouvriers ».

M. FAGNOT. — Pour faciliter l'accord, on pourrait mettre dans le texte : « Le juge de paix pourra être remplacé par, etc. ».

Mme DE MAGUERIE. — Je comprends très bien que nous discutions des cas particuliers, tels que celui des grands centres, mais il ne faut plus revenir à la généralité des cas, car nous avons solutionné cette question dans notre réunion précédente.

M. LORIN. — Je vous proposerai le vœu suivant :

« Émet le vœu que le Gouvernement hâte la constitution des conseils du travail dont le règlement d'administration publique prévoit le rôle conciliateur au cas où les parties veulent y avoir recours et dans les rangs desquels le juge de paix trouverait des assesseurs compétents. »

M. LE PRÉSIDENT. — Je voudrais bien, avant d'aller plus loin, liquider la première question et donner satisfaction à M. Arquembourg. Vous proposeriez que :

Dans les centres industriels suffisamment importants, le juge de paix devrait être assisté, pour l'examen de chaque affaire, d'un représentant au moins et de deux au plus de chacun des deux éléments.

M. RAZOUS. — Et qu'est-ce que les « centres importants » ?

M. ARQUEMBOURG. — C'est la loi qui les définira.

M. LE PRÉSIDENT. — Je mets aux voix la proposition de M. Arquembourg. — Que ceux qui sont d'avis de l'adopter veuillent bien le manifester en levant la main? Avis contraire? Une voix.

Le vœu est adopté.

M. LEBNITZ. — Je demanderai que l'on ajoute que ces deux assesseurs seront pris dans la profession où a éclaté le litige.

M. LE PRÉSIDENT. — C'est indiqué par ces mots : « les deux éléments ».

M. LEBNITZ. — Il faudrait, malgré tout, ajouter : *de la profession.*

L'amendement est adopté.

M. RAZOUS. — En tenant compte de ce qui a été dit ici

par les membres de l'assemblée et de ce qui a été dit également par notre Président dans la brillante conférence qu'il fit à la Ligue de l'enseignement, je crois qu'il faut encourager la création des conseils permanents de conciliation et d'arbitrage ; je proposerai donc la motion suivante :

« Considérant que les conseils permanents de conciliation et d'arbitrage, intéressant soit un seul établissement, soit plusieurs établissements similaires, soit, dans les centres ayant des établissements de nature très différente, l'ensemble des établissements, ne peuvent, actuellement du moins, être imposés obligatoirement ; il y aurait lieu de favoriser leur création par des avantages de même nature que ceux accordés aux sociétés de secours mutuels en ce qui concerne les locaux de réunion, les frais de registres et en plus des jetons de présence pour les ouvriers faisant partie des conseils. »

M. LE PRÉSIDENT. — Ceci est un amendement, dont je ne discute pas l'importance ni la valeur, mais qui ne pourra venir qu'après que le principe aura été voté.

Je vais d'abord mettre aux voix la proposition de M. Aftalion :

Le Ministre du Travail pourra, à la demande d'un syndicat ouvrier ou patronal d'une industrie ou profession, et après enquête, ordonner la constitution d'un conseil de conciliation régional ou national, relatif à la branche d'industrie ou profession intéressée, chargé d'examiner les questions d'ordre collectif concernant les conditions du travail, de prévenir et d'aplanir les différends.

M. ARQUEMBOURG. — Ce texte est en contradiction avec ce que nous venons de voter. Nous avons dit tout à l'heure que les conflits une fois éclatés seraient de la compétence du juge de paix ; les comités de conciliation ne peuvent donc plus être chargés que du rôle de prévenir les différends, mais non de les aplanir.

M. LE PRÉSIDENT. — Il n'y a pas de contradiction ; nous conservons le jeu de la loi de 1892, mais M. Aftalion propose en outre la création de comités de conciliation. Que cela soit considéré par vous comme une superfétation, c'est possible, mais je dois néanmoins le mettre aux voix.

En conséquence, que ceux qui sont d'avis d'adopter la proposition de M. Aftalion veuillent bien le manifester en levant la main ?

Ont voté pour : 11 voix. Ont voté contre : 10 voix. La proposition est adoptée.

Il nous reste maintenant le vœu proposé par M. Lorin :

L'assemblée émet le vœu que le Gouvernement hâte la constitution des conseils du travail dont le règlement d'administration publique prévoit le rôle conciliateur au cas où les parties veulent y avoir recours et dans les rangs desquels le juge de paix trouverait des assesseurs compétents.

Le vœu, mis aux voix, est adopté.

Messieurs, nous sommes arrivés au bout de cette longue et intéressante discussion. Je remercie vivement les membres de l'Association de l'attention qu'ils ont apportée à cet examen laborieux et je suis certain d'être votre interprète à tous en remerciant particulièrement nos trois rapporteurs. (*Applaudissements*).

La séance est levée.

TEXTE DES VŒUX ADOPTÉS

I. — La tentative obligatoire de conciliation

Dans un conflit d'ordre collectif, toute personne convoquée par le juge de paix pour une tentative de conciliation doit, sous peine d'amende, se rendre à la convocation, sauf excuse valable.

L'excuse est valable notamment lorsque des négociations sont engagées entre les parties ou leurs représentants.

La comparution des parties devant le juge de paix dans la procédure de conciliation n'implique point, de leur part, renonciation au droit de poursuivre devant la juridiction compétente réparation du dommage qui aurait été causé par la brusque cessation du travail.

Un extrait des jugements rendus par application du premier paragraphe sera affiché dans les conditions fixées par l'article 12 de la loi.

II. — La composition du Comité de conciliation
La représentation des syndicats

Dans tout conflit d'ordre collectif, le juge de paix pourra, s'il le juge convenable, convoquer un représentant du syndicat patronal et un représentant du syndicat ouvrier.

III. — Le rôle et les attributions des juges de paix

Le juge de paix, lorsqu'il sera informé par l'une des parties, dans les formes prévues à l'article 2 de la loi de 1892, de l'imminence d'une cessation collective de travail, et qu'il sera requis d'intervenir par cette partie, devra provoquer une tentative de conciliation. Il ordonnera, dans ce but, la comparution des parties ou de leurs mandataires qui seront tenus de se rendre à la convocation.

Le juge de paix pourra même provoquer cette tentative de conciliation sans avoir été sollicité par une des parties ; mais, dans ce cas-là, cette tentative de conciliation ne sera pas obligatoire.

L'Association regrette que jusqu'ici les juges de paix ne soient intervenus d'office que dans un petit nombre de grèves, et elle prie le Ministre de la Justice d'assurer, par de nouvelles instructions, l'application de l'article 10 de la loi.

IV. — Le rôle
du Gouvernement dans les conflits importants

En ce qui concerne les conflits d'une certaine importance, la loi devrait autoriser le Gouvernement à seconder dans leurs efforts les organes officiels ou privés institués pour le règlement des conflits ou même à prendre l'initiative de la conciliation.

V. — Les subventions aux divers organes
de conciliation

L'État ou les communes devraient allouer des subventions aux conseils permanents visés par le vœu (suivant), ainsi qu'aux commissions mixtes et autres institutions fondées entre employeurs et employés d'une même profession pour le règlement des différends collectifs.

VI. — Les conseils permanents de conciliation
et d'arbitrage

Dans les centres industriels suffisamment importants, le juge de paix devrait être assisté, pour l'examen de chaque affaire, d'un représentant au moins et de deux au plus de chacun des deux éléments de la profession.

Le Ministre du Travail pourra, à la demande d'un syndicat ouvrier ou patronal d'une industrie ou profession, et après enquête, ordonner la constitution d'un conseil de conciliation régional ou national, relatif à la branche d'industrie ou profession intéressée, chargé d'examiner les questions d'ordre collectif concernant les conditions du travail, de prévenir et d'aplanir les différends.

L'assemblée émet le vœu que le Gouvernement hâte la constitution des conseils du travail dont le règlement d'administration publique prévoit le rôle conciliateur au cas où les parties veulent y avoir recours et dans les rangs desquels le juge de paix trouverait des assesseurs compétents.

ANNEXE

LOI DU 27 DÉCEMBRE 1892

sur la conciliation et l'arbitrage en matière de différends collectifs entre patrons et ouvriers ou employés.

ARTICLE PREMIER.

Les patrons, ouvriers ou employés entre lesquels s'est produit un différend d'ordre collectif portant sur les conditions du travail peuvent soumettre les questions qui les divisent à un comité de conciliation et, à défaut d'entente dans ce comité, à un conseil d'arbitrage, lesquels seront constitués dans les formes suivantes.

ART. 2.

Les patrons, ouvriers ou employés adressent, soit ensemble, soit séparément, en personnes ou par mandataires, au juge de paix du canton ou de l'un des cantons où existe le différend, une déclaration écrite contenant :

1° Les noms, qualités et domiciles des demandeurs ou de ceux qui les représentent ;

2° L'objet du différend, avec l'exposé succinct des motifs allégués par la partie ;

3° Les noms, qualités et domiciles des personnes auxquelles la proposition de conciliation ou d'arbitrage doit être notifiée ;

4° Les noms, qualités et domiciles des délégués choisis parmi les intéressés par les demandeurs pour les assister ou les représenter, sans que le nombre des personnes désignées puisse être supérieur à cinq.

ART. 3.

Le juge de paix délivre récépissé de cette déclaration, avec indication de la date et de l'heure du dépôt, et la notifie sans frais, dans les vingt-quatre heures, à la partie adverse ou à ses représentants, par lettre recommandée ou au besoin par affiches apposées aux portes de la justice de paix des cantons et à celles de la mairie des communes sur le territoire desquelles s'est produit le différend.

ART. 4.

Au reçu de cette notification, et au plus tard dans les trois jours, les intéressés doivent faire parvenir leur réponse au juge de paix. Passé ce délai, leur silence est tenu pour refus.

S'ils acceptent, ils désignent dans leur réponse les noms, qualités et domiciles des délégués choisis pour les assister ou les représenter, sans que le nombre des personnes désignées puisse être supérieur à cinq.

Si l'éloignement ou l'absence des personnes auxquelles la proposition est notifiée ou la nécessité de consulter des mandants, des associés ou un conseil d'administration ne permettent pas de donner une réponse dans les trois jours, les représentants desdites personnes doivent, dans ce délai de trois jours, déclarer quel est le délai nécessaire pour donner cette réponse.

Cette déclaration est transmise par le juge de paix aux demandeurs dans les vingt-quatre heures.

ART. 5.

Si la proposition est acceptée, le juge de paix invite d'urgence les parties ou les délégués désignés par elles à se réunir en comité de conciliation.

Les réunions ont lieu en présence du juge de paix, qui est à la disposition du comité pour diriger les débats.

ART. 6.

Si l'accord s'établit, dans ce comité, sur les conditions

de la conciliation, ces conditions sont consignées dans un procès-verbal dressé par le juge de paix et signé par les parties ou leurs délégués.

ART. 7.

Si l'accord ne s'établit pas, le juge de paix invite les parties à désigner, soit chacune un ou plusieurs arbitres, soit un arbitre commun.

Si les arbitres ne s'entendent pas sur la solution à donner au différend, ils pourront choisir un nouvel arbitre pour les départager.

ART. 8.

Si les arbitres n'arrivent à s'entendre ni sur la solution à donner au différend, ni pour le choix de l'arbitre départiteur, ils le déclareront sur le procès-verbal, et cet arbitre sera nommé par le président du tribunal civil, sur le vu du procès-verbal qui lui sera transmis d'urgence par le juge de paix.

ART. 9.

La décision sur le fond, prise, rédigée et signée par les arbitres, est remise au juge de paix.

ART. 10.

En cas de grève, à défaut d'initiative de la part des intéressés, le juge de paix invite d'office, et par moyens indiqués à l'article 3, les patrons, ouvriers ou employés, ou leurs représentants, à lui faire connaître dans les trois jours :

1º L'objet du différend avec l'exposé succinct des motifs allégués;

2º Leur acceptation ou refus de recourir à la conciliation et à l'arbitrage;

3º Les noms, qualités et domiciles des délégués choisis, le cas échéant, par les parties, sans que le nombre des personnes désignées de chaque côté puisse être supérieur à cinq.

Le délai de trois jours pourra être augmenté pour les causes et dans les conditions indiquées à l'article 4.

Si la proposition est acceptée, il sera procédé conformément aux articles 5 et suivants.

ART. 11.

Les procès-verbaux et décisions mentionnés aux articles 6, 8 et 9 ci-dessus sont conservés en minute au greffe de la justice de paix, qui en délivre gratuitement une expédition à chacune des parties et en adresse une autre au ministre du Commerce et de l'Industrie par l'entremise du préfet.

ART. 12.

La demande de conciliation et d'arbitrage, le refus ou l'absence de réponse de la partie adverse, la décision du comité de conciliation ou celle des arbitres, notifiés par le juge de paix au maire de chacune des communes où s'étendait le différend, sont, par chacun de ces maires, rendus publics par affichage à la place réservée aux publications officielles.

L'affichage de ces décisions pourra, en outre, se faire par les parties intéressées. Les affiches seront dispensées du timbre.

ART. 13.

Les locaux nécessaires à la tenue des comités de conciliation et aux réunions des arbitres sont fournis, chauffés et éclairés par les communes où ils siègent.

Les frais qui en résultent sont compris dans les dépenses obligatoires des communes.

Les dépenses des comités de conciliation et d'arbitrage seront fixées par arrêté du préfet du département et portées au budget départemental comme dépenses obligatoires.

ART. 14.

Tous actes faits en exécution de la présente loi seront dispensés du timbre et enregistrés gratis.

ART. 15.

Les arbitres et les délégués nommés en exécution de la présente loi devront être citoyens français.

Dans les professions ou industries où les femmes sont employées, elles pourront être désignées comme déléguées, à la condition d'appartenir à la nationalité française.

ART. 16.

La présente loi est applicable aux colonies de la Guadeloupe, de la Martinique et de la Réunion (1).

---

(1) Un décret du 7 septembre 1893 a rendu la loi applicable à l'Algérie.

Sténographié par « COMMERCIA -, sur machine à sténographier « GRANDJEAN » — Bourse du Commerce, rue du Louvre — PARIS.

TABLE DES MATIÈRES

DISCUSSION DES RAPPORTS

PUBLICATIONS

DE

l'Association Internationale pour la Protection Légale des Travailleurs

PUBLIÉ PAR LE BUREAU DE L'ASSOCIATION INTERNATIONALE
POUR LA PROTECTION LÉGALE DES TRAVAILLEURS

Président : Henri SCHERRER, conseiller d'Etat, à Saint-Gall ; *Vice-Président* : Adrien LACHENAL, ancien conseiller fédéral ; *Secrétaire général* : Stéphan BAUER, professeur à l'Université de Bâle.

N° 1. — L'Association internationale pour la Protection légale des Travailleurs. — Assemblée constitutive tenue à Bâle les 27 et 28 septembre 1901. — Rapports et compte rendu des séances. — 1 vol. 270 p. PRIX : 5 fr.

N° 2. — Compte rendu de la 2ᵉ assemblée générale du Comité de l'Association internationale pour la Protection légale des Travailleurs, tenue à Cologne les 26 et 27 septembre 1902, suivi de rapports annuels de l'Association internationale et de l'Office international du Travail. 1903. — 1 vol., 82 p. PRIX : 2 fr.

N° 3. — Compte rendu de la 3ᵉ assemblée générale du Comité de l'Association internationale pour la Protection légale des Travailleurs, tenue à Bâle les 26, 27 et 28 septembre 1904, suivi de rapports annuels de l'Association internationale et de l'Office international du Travail. 1905. — 1 vol., 1 6 p. PRIX : 4 fr.

N° 4. — Deux mémoires présentés aux Gouvernements des Etats industriels en vue de la convocation d'une Conférence internationale de protection ouvrière. — I. Mémoire explicatif sur les bases d'une interdiction internationale du travail de nuit des femmes. — II. Mémoire explicatif sur l'interdiction de l'emploi

du phosphore blanc dans l'industrie des allumettes. 1905. — 1 vol.,
49 p. PRIX : 2 fr. 50.

N° 5. — Compte rendu de la 4° assemblée générale du Comité
de l'Association internationale pour la Protection légale
des Travailleurs, tenue à Genève les 26, 27, 28 et 29 septembre
1906, suivi des rapports annuels de l'Association internationale et
de l'Office international du Travail. 1907. — 1 vol., 163 p.
PRIX : 4 fr.

N° 6. — Compte rendu de la 5° assemblée générale du Comité
de l'Association internationale pour la Protection légale
des Travailleurs, tenue à Lucerne les 28, 29 et 30 septembre 1908,
suivi des rapports annuels de l'Association internationale et de
l'Office international du Travail, 1909. — 1 vol., 216 p. PRIX : 5 fr.

N° 7. — Compte rendu de la 6° assemblée générale du Comité
de l'Association internationale pour la Protection légale
des Travailleurs, tenue à Lugano les 26, 27 et 28 septembre 1910;
suivi des rapports annuels de l'Association internationale et de
l'Office international du Travail. 1910. — 1 vol., 193 p. PRIX : 5 fr.

Les Industries insalubres. — Rapport sur leurs dangers et les
moyens de les prévenir, particulièrement dans l'industrie des
allumettes et celles qui fabriquent ou emploient des couleurs de
plomb. Publié au nom de l'Association internationale et précédé
d'une préface par St. BAUER, professeur à l'Université de Bâle, directeur de l'Office international du Travail. 1903. — 1 vol., 460 p.
PRIX : 7 fr. 50.

Le Travail de nuit des femmes dans l'industrie. — Rapports sur
son importance et sa réglementation légale. Publiés au nom de
l'Association internationale et précédés d'une préface par St.
BAUER, professeur à l'Université de Bâle, directeur de l'Office
international du Travail. 1903. — 1 vol., 384 p. PRIX : 6 fr.

    A PARAITRE :

Rapport comparatif sur l'application des lois ouvrières. —
Publié par l'Office international du Travail à Bâle. Tome 1. L'Inspection du Travail en Europe. 1911.

OUVRAGES NON MIS EN VENTE :

Association pour la Protection légale des Travailleurs. Concours international pour la lutte contre le saturnisme.

Les Fonderies de plomb, par M. BOULIN, inspecteur divisionnaire du Travail à Lille. Ouvrage couronné.
(Extrait du Bulletin de l'Inspection du Travail, 1906, n°⁸ 5 et 6).

Le Saturnisme dans la typographie, par M. DUCROT, ancien élève de l'Ecole polytechnique. Ouvrage couronné.
(Extrait du Bulletin de l'Inspection du Travail, 1906, n°⁸ 5 et 6).

L'Association internationale pour la Protection légale des Travailleurs et l'Office international du Travail, 1901-1910. — Origines. — Organisations. — Œuvre réalisée. — Documents. — Rapport présenté au Congrès mondial des associations internationales (Bruxelles, mai 1910), par E. BAUER, secrétaire général de l'Association internationale pour la Protection légale des Travailleurs, directeur de l'Office international du Travail, professeur à l'Université de Bâle. Bruxelles 1910 (*épuisé*).

Rapports présentés au Congrès de Lucerne (1908) par la Section française

Le travail de nuit des enfants dans les usines à feu continu. — Rapport de M. F. Fagnot.
Le travail industriel des enfants. — Rapport de M. Georges Alfassa.
La réalisation de l'égalité entre nationaux et étrangers. — Rapport de M. A. Boissard.
Chaque brochure : 0 fr. 60.

CINQUIÈME SÉRIE

I. *La Conciliation dans les conflits collectifs et les travaux de la section du Nord de l'Association.* — Rap. de M. Aftalion. — Brochure, 0 fr. 60.

II. *La loi du 7 mars 1850 et le Mesurage du travail à la tâche.* — Rapport de M. Ad. Boissard. — Brochure, 0 fr. 60.

III. *Le Contrat de travail et le Code civil.* — Rapports de MM. Perreau et Groussier. — 1 volume, 3 fr. 50.

IV. *La Réforme de l'inspection du travail en France.* — Rapport de M. Eugène Petit. — 1 volume, 3 fr. 50.

V. *Collaboration des ouvriers organisés à l'œuvre de l'inspection du travail.* — Rapport de M. Henri Lorin. — 1 volume, 1 fr. 75.

VI. *Les Accidents du Travail dans l'Agriculture.* — Rapport de M. Henri Capitant. — 1 volume, 1 fr. 75.

CINQUIÈME SÉRIE bis
PUBLICATIONS DE LA SECTION DU NORD

I. *Les Caisses de chômage.* — Rap. de M. de Lauwereyns de Roosendaele. — Br., 0 fr. 60.

II. *L'application dans le Nord et la Révision des Décrets de 1899 sur les conditions du travail dans les marchés publics.* — Rapports de MM. Bargeron et Masson. — Brochure, 1 fr.

III. *Le travail de nuit des enfants dans les usines à feu continu.* — Rapport de M. Lévêque. — Brochure, 0 fr. 60.

IV. *La prévention des accidents sur les voies ferrées des usines.* — Rapport de M. Lévêque. — Brochure, 0 fr. 60.

V. *La lutte contre le chômage dans le Nord* — Rapport de M. de Lauwereyns de Roosendaele. — Brochure, 1 fr.

SIXIÈME SÉRIE

I. *Les Problèmes du Chômage.* — Rapports de MM. F. Fagnot, Max Lazard, Louis Varlez. — 1 volume, 2 fr. 50.

II. *La Réforme de la Procédure de la Mise en Demeure.* — Rapport de M. E. Briat. — 1 volume, 2 fr. 50.

III. *Le Travail de Nuit dans les Boulangeries.* — Rapport de M. Justin Godart. — 1 volume, 1 fr. 25.

IV. *Le Travail de nuit des enfants dans les usines à feu continu.* — Rapport de M. l'abbé Lemire. — Brochure, 1 fr.

V. *Les Maladies Professionnelles.* — Rapport de M. L.-J. Breton. — Brochure, 1 fr.

VI. *Les Demandes reconventionnelles, devant le Conseil des Prud'hommes.* — Rapport de M. E. Briat. — Brochure, 1 fr.

SIXIÈME SÉRIE bis
PUBLICATIONS DE LA SECTION DU NORD

I et II. *La Réglementation légale de la durée du travail des employés.* — Rapport de M. Dépitre. — *La réduction du nombre des enfants employés la nuit dans les verreries.* — Rapport de M. Lévêque. — Brochure, 1 fr. 50.

Ces publications sont servies aux membres de l'Association.

L'Association nationale française examine et discute dans ses réunions périodiques les questions de législation du travail à l'ordre du jour. Elle publie le compte rendu de ses discussions.

Sont membres de l'Association les personnes et les sociétés qui considèrent la législation protectrice des travailleurs comme nécessaire et adhèrent aux statuts de l'Association.

La cotisation annuelle est fixée à 10 francs. Elle est réduite à 3 francs pour les personnes ou les sociétés qui ne demandent pas à recevoir les publications de l'Office international.

Les adhésions sont reçues par le trésorier de l'Association : M. Léon de Seilhac, délégué permanent du Musée social, 5, rue Las-Cases.

Orléans. — Imp. Auguste Gout & Cie